中国社会科学院创新工程学术出版资助项目

夏洪胜 张世贤◎主编

*21*世纪工商管理文库

税务筹划

Tax Planning

经济管理出版社
ECONOMY & MANAGEMENT PUBLISHING HOUSE

图书在版编目（CIP）数据

税务筹划 / 夏洪胜，张世贤主编. —北京：经济管理出版社，2013.4
（21世纪工商管理文库）
ISBN 978-7-5096-2350-3

Ⅰ.①税…　Ⅱ.①夏…②张…　Ⅲ.①税务筹划　Ⅳ.①F810.42

中国版本图书馆 CIP 数据核字（2013）第 036621 号

组稿编辑：何　蒂
责任编辑：杜　菲
责任印制：司东翔
责任校对：陈　颖

出版发行：经济管理出版社（北京市海淀区北蜂窝 8 号中雅大厦 A 座 11 层　100038）
网　　址：www. E-mp. com. cn
电　　话：(010) 51915602
印　　刷：三河市延风印装厂
经　　销：新华书店
开　　本：720mm×1000mm/16
印　　张：14.75
字　　数：242 千字
版　　次：2014 年 3 月第 1 版　2014 年 3 月第 1 次印刷
书　　号：ISBN 978-7-5096-2350-3
定　　价：42.00 元

总　序

　　1911 年，泰勒《科学管理原理》的发表标志着管理学的诞生。至今，管理学已经走过了整整 100 年，百年的实践证明，管理学在推动人类社会进步和中国改革开放中发挥了巨大的作用。在这个具有历史意义的时刻，我们也完成了《21世纪工商管理文库》的全部编写工作，希望以此套文库的出版来纪念管理学诞生100 周年，并借此机会与中国企业的管理者们进行交流与探讨。

　　"绝不浪费读者的时间"，这是我在筹划编写本套文库时所坚持的第一理念。时间是管理者最宝贵的资源之一，为了让读者尽可能高效率地学习本套文库，我们的团队力求通过精练的文字表达和鲜活的案例分析，让读者在掌握基础知识的同时获得某种思维上的灵感，对解决企业实际中遇到的问题有所启发，同时也获得阅读带来的轻松和愉悦。"绝不浪费读者的时间"，这是我们对您的承诺！

一、编写《21世纪工商管理文库》的出发点

　　本人从事工商管理领域的学习、研究、教学和实践工作多年，在这一过程中不断探索和思考，形成了自己的一系列观点，其中的一些观点成为编写本套文库的出发点，希望能尽我微薄之力，对我国企业的发展有所帮助。

　　1. 工商管理是一门应用性极强的学科，该领域的基础理论成果基本上来源于以美国为主的西方国家。在工商管理领域的研究方面，我国应该将重点放在应用研究上。

2. 工商管理在很大程度上受制度、历史、文化、技术等因素的影响。对于源自西方国家的工商管理基础理论，我们切不可照搬照抄，而应该在"拿来"的基础上根据我国的实际情况加以修正，然后将修正后的理论运用于我国的实践。

3. 目前，我国的 MBA、EMBA 所用的经典教材多数是西方国家的翻译版本，不仅非常厚，内容也没有根据中国的实际情况进行调整，在学时有限的情况下学生普遍无法学通，更谈不上应用，这可以从众多的学位论文和与学生的交流中看出。

4. 做企业，应该先"精"后"强"再"大"，并持续地控制风险，只有这样才能保证企业之树长青。而要做到这些，一个非常关键的因素就是对工商管理知识的正确运用，所以，无论多忙，我国的企业管理者们都务必要全面系统地学习适合国情的工商管理知识，以提升企业的软实力。

5. 随着国际化程度的加深，我国急需一批具有系统的工商管理知识和国际化视野且深谙国情的企业家，这一群体将成为我国企业走向国际化的希望。企业的中高层管理者是这一批企业家群体的预备军，因此，我们应该尽力在我国企业的中高层管理者中培育这个群体。

"路漫漫其修远兮，吾将上下而求索"。企业是国家的经济细胞，也是国家强盛的重要标志之一。当今世界，企业间的竞争日趋激烈，我国企业的管理者们要有强烈的危机意识和竞争意识，必须从人、财、物、信息、产、供、销、战略等各方面全方位地提升我国企业的管理水平，力争建成一批世界知名的和有国际影响力的中国企业，这批企业将是中国经济的基础和重要保障。我希望本套文库能够与中国企业中高层管理者的实践碰撞出灿烂的火花，若能如此，我多年的心血和我们团队的工作便有了它存在的价值。

二、《21 世纪工商管理文库》的内容

中国企业非常需要有一套适合中国国情的工商管理文库，博览以往工商管理类的书籍，它们对中国企业的发展确实起到了非常重要的作用，但是却鲜有一套文库的内容可以同时将基础性的知识、前沿性的研究和最适合在中国应用的理论

结合工商管理内容的本质，以深入浅出、通俗易懂的表达方式全面呈现出来。由于中国的中高层企业管理者用在读书学习上的时间非常有限，这就要求本套文库能让企业管理者花较少的时间，系统地掌握其内容并加以运用。

鉴于此，本人与国内外同行进行了深入的探讨，同时，也与一大批内地、港澳台地区及国外企业家和学者进行了广泛的接触与交流，并实地调研了大量中外企业。在此基础上，仔细查阅了国内外著名大学商学院的有关资料，并结合自己的研究，首次构建并提出了如图Ⅰ所示的工商管理内容模型。该模型经过数十次的修正，直到工商管理理论研究同行与实践中的企业家们普遍认可后才确定下来。它由31本书组成，平均每本200页以上，基本涵盖了工商管理的主要内容，是目前我国较为系统、全面并适合中国企业的工商管理文库。

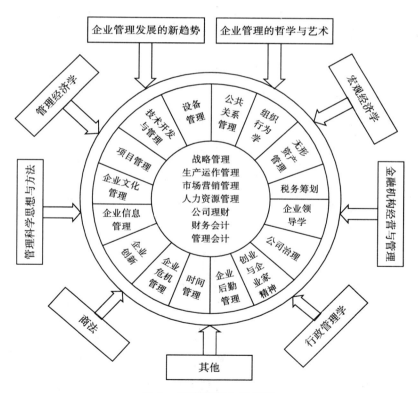

图Ⅰ　工商管理内容模型

该工商管理内容模型共分为如下三个部分：

第一部分为核心内容（图Ⅰ中小圆内部分）。该部分内容共分为7个方面：①战略管理；②生产运作管理；③市场营销管理；④人力资源管理；⑤公司理财；⑥财务会计；⑦管理会计。

以上7个方面的内容是工商管理最基本的部分，也是工商管理最核心的部分，这些内容是任何企业都应该具有的。可以说，工商管理其他方面的内容都是围绕这7个方面的内容展开的。这7个方面的内容各有侧重又彼此关联。

我们称这7个方面的内容为工商管理的核心系统，该系统是工商管理专业的核心课程。

第二部分为辅助内容（图Ⅰ中小圆与大圆之间部分）。该部分内容共分为16个方面：①企业领导学；②公司治理；③创业与企业家精神；④企业后勤管理；⑤时间管理；⑥企业危机管理；⑦企业创新；⑧企业信息管理；⑨企业文化管理；⑩项目管理；⑪技术开发与管理；⑫设备管理；⑬公共关系管理；⑭组织行为学；⑮无形资产管理；⑯税务筹划。

以上16个方面的内容是工商管理的辅助内容。不同行业的企业和企业发展的不同阶段都会不同程度地运用到这些内容。这16个方面的内容与核心系统一起构成了企业管理的主要内容。

我们称这16个方面的内容为工商管理的辅助系统，该系统是工商管理专业的选修课程。

第三部分为支撑内容（图Ⅰ中大圆外部分）。该部分内容共分为8个方面：①宏观经济学；②金融机构经营与管理；③行政管理学；④商法；⑤管理科学思想与方法；⑥管理经济学；⑦企业管理发展的新趋势；⑧企业管理的哲学与艺术。

以上8个方面的内容对企业管理起到支撑、支持或制约的作用，企业管理的思想、方法、环境等都与这些内容密切相关，甚至企业管理的绩效直接与这8个方面的内容有关。

我们称这8个方面的内容为工商管理的支撑系统，该系统是工商管理专业的公共必修课程。

需要说明的是，在该模型中，我们标出了"其他"，这是由于工商管理的内容非常丰富，其模型很难包罗万象，而且工商管理本身也在发展中，无论是核心系统、辅助系统，还是支撑系统，都可能在内容上发生变化。因此，我们将该模型中没有表明的内容用"其他"表示。

综上所述，整个工商管理内容模型是由核心系统、辅助系统、支撑系统三大系统组成。我们也可称之为工商管理的三维系统，其中，核心系统和辅助系统构成了企业管理的主要内容。

我们进一步将核心系统和辅助系统按照关系密切程度划分为 5 个子系统，它们分别是：

子系统 1：战略管理、企业领导学、公司治理、创业与企业家精神、企业后勤管理、时间管理、企业危机管理、企业创新、企业信息管理、企业文化管理。该子系统各部分都会对企业产生全局性的影响。

子系统 2：生产运作管理、项目管理、技术开发与管理、设备管理。该子系统各部分技术性强，偏重定量分析，且各部分之间关系密切。

子系统 3：市场营销管理、公共关系管理。该子系统各部分之间关系密切，公共关系的有效管理有助于市场营销管理。

子系统 4：人力资源管理、组织行为学。该子系统各部分之间关系密切，组织行为学是人力资源管理的基础。

子系统 5：公司理财、财务会计、管理会计、无形资产管理、税务筹划。该子系统各部分之间关系密切，公司理财、财务会计、管理会计构成了企业的财务管理体系，同时也是无形资产管理、税务筹划的基础。

以上 5 个子系统也可以作为企业管理的 5 个主要研究方向：①战略管理方向；②生产运作管理方向；③市场营销管理方向；④人力资源管理方向；⑤财会管理方向。其中，战略管理是企业的定位；生产运作管理是企业的基石；市场营销管理是企业生存的手段；人力资源管理是企业的核心；财会管理是企业的灵魂。

当然，工商管理内容模型中的各个部分不是孤立存在的，它们彼此之间常常是有关联的，甚至有些内容还有交叉。如"采购管理"作为企业管理中非常重要的内容，本套文库在生产运作管理、项目管理和企业后勤管理三本书中均有涉及。虽然三本书中关于"采购管理"的内容均有关联和交叉，但三本书中所呈现出来的相应内容的侧重点又是不同的。

三、《21世纪工商管理文库》的内容本质

通过多年来对国内外工商管理理论与实践的研究，我们认为《21世纪工商管理文库》的内容本质可以精辟地概括成如表Ⅰ所示。

表Ⅰ 《21世纪工商管理文库》的内容本质

书名	内容本质
1.战略管理	找准企业内部优势与外部环境机会的最佳契合点，并保持可持续发展
2.生产运作管理	依据市场的需求和企业的资源，为客户生产和提供物超所值的产品
3.市场营销管理	以有限的资源和真实的描述，尽可能让企业的目标客户了解并购买企业的产品
4.人力资源管理	适人适才、合理分享、公平机会、以人为本、真心尊重，创造和谐快乐的工作环境
5.公司理财	使公司的资产保值增值并在未来依然具有竞争力
6.财务会计	合规、及时、准确地制作财务会计报表，并运用财务指标评价企业的经营状况
7.管理会计	让管理者及时、准确地了解其经营活动与各项财务指标的关系并及时改善
8.企业领导学	道德领导、诚信经营，承前启后、继往开来
9.公司治理	以科学的制度保障权力的相互制衡，维护以股东为主体的利益相关者的利益
10.创业与企业家精神	发现和捕获商机并持续创新
11.企业后勤管理	通过企业的间接管理活动，使其成本最低和效率最高
12.时间管理	依重要和缓急先后，合理分配时间，从而达成目标
13.企业危机管理	大事化小，小事化了，转危为机
14.企业创新	快半步就领先，持续保持竞争优势
15.企业信息管理	及时和准确地为管理者提供相关的管理信息
16.企业文化管理	以共同的信念和认同的价值观引领企业达到具体的目标
17.项目管理	以有限的资源保质保量完成一次性任务
18.技术开发与管理	将未来的技术趋势转化为商品的过程与管理
19.设备管理	使设备具有竞争力且寿命最长和使用效率最高
20.公共关系管理	使企业与所有利益相关者的关系最和谐且目标一致
21.组织行为学	科学组建以人为本的有效团队

续表

书名	内容本质
22.无形资产管理	化无形为有形，持续发展无形的竞争优势
23.税务筹划	合法、有道德且负责任的节税手段
24.宏观经济学	保持国民经济可持续和健康发展的理论基础
25.金融机构经营与管理	服务大众，科学监管
26.行政管理学	科学制定"游戏"规则，构建长富于民的政府管理机制
27.商法	维护经济秩序并保护企业或个人的合法权益
28.管理科学思想与方法	以可靠准确的数据为基础，优化各类资源的使用效率和效果
29.管理经济学	微观经济学的理论在企业经营决策中的应用
30.企业管理发展的新趋势	企业未来的管理方向
31.企业管理的哲学与艺术	刚柔并济，共创所有利益相关者的和谐

四、《21 世纪工商管理文库》的特色

（一）《21 世纪工商管理文库》在叙述方式上的特色

1. 每本书的封面上都对该书的内容本质有精辟的描述，这也是贯穿该书的主线，随后对该书的内容本质有进一步的解释，以便读者能深刻领悟到该书内容的精髓所在；并在总序中对整个《21 世纪工商管理文库》的内容本质以表格的形式呈现。

2. 每本书的第一章，即导论部分都给出了该书的内容结构，以便读者能清晰地知道该书的整体内容以及各章内容的逻辑关系。

3. 每本书的每章都以开篇案例开始，且每一节的开头都有一句名人名言或一句对本节内容进行概括的话，以起到画龙点睛的作用。

4. 每本书的基础理论大部分都有案例说明，而且基本上是在中国的应用，尽量使其本土化。

5. 每本书都非常具有系统性、逻辑性和综合性，将复杂理论提炼成简单化、通俗化的语句并归纳出重点及关键点，尽量避免不必要的"理论"或"术语"，表达上简洁明了、图文并茂、形象鲜活。

（二）《21 世纪工商管理文库》在内容上的特色

1. 本套文库建立了完整的工商管理内容模型，该模型由核心系统、辅助系统和支撑系统组成。在该模型中，读者能够清晰地看到工商管理内容的全貌以及各

部分内容之间的关系，从而更加有针对性地学习相关内容。这也是本套文库的基本内容框架，从该框架可以看出，本套文库内容全面，具有很强的系统性和逻辑性，且层次分明。

2. 本套文库的内容汇集和整合了古今中外许多经典的、常用的工商管理理论和实践的成果，我们将其纳入本套文库的内容框架体系，使其更为本土化和实用化。可以认为，我们的工作属于集成创新或整合创新。

3. 每本书的内容都以"基础性"、"新颖性"、"适用性"为原则进行编写，是最适合在中国应用的。对于一些不常用或不太适合在中国应用的基础理论没有列入书中。

4. 核心系统和辅助系统（企业管理的主要内容）中的每本书都有对中国企业实践有指导意义的、该领域发展的新趋势，这可以让读者了解到该领域的发展方向，并与时俱进。为了便于读者阅读和掌握各个领域发展的新趋势，我们将本套文库中的所有新趋势汇集为《企业管理发展的新趋势》一书。

5. 核心系统和辅助系统中的每本书都有该领域的管理哲学与艺术，提醒企业不可僵化地运用西方的基本理论，而应该将中国的管理哲学与艺术和西方现代工商管理理论相结合，即将东西方的科学发展观与中国的和谐社会融合起来，这才是真正适合中国本土化的企业管理。为了便于读者阅读和掌握各个领域的管理哲学与艺术，我们将本套文库中的所有管理哲学与艺术汇集为《企业管理的哲学与艺术》一书。

（三）《21世纪工商管理文库》在功能上的特色

1. 有别于程式化的西方 MBA、EMBA 教材。本套文库具有鲜明的中国本土问题意识，在全球化视野的背景下，更多地取材于中国经济快速增长时期企业生存发展的案例。

2. 有别于传统工商管理的理论教化。本套文库强调战术实施的功能性问题，力求对工商管理微观层面的问题进行分析与探讨。

3. 有别于一般的工商管理教科书。本套文库中的每本书从一开始就直接切入"要害"，紧紧抓住"本质"和"内容结构"，这无疑抓住了每本书的"主线"，在叙述方式和内容上，围绕这条"主线"逐步展开，始终秉承"绝不浪费读者时间"和"以人为本"的理念。

4. 有别于一般的商界成功人士的传记或分行业的工商管理书籍。本套文库以适合在中国应用的基础理论为支撑，着力解决各行业中带有共性的问题，以共性来指导个性。这也体现了理论来源于实践并指导实践这一真理。

5. 有别于同类型的工商管理文库。本套文库系统全面、通俗易懂，在叙述方式和内容上的特色是其他同类型工商管理书籍所不具备的，而且本套文库的有些特色目前在国内还是空白，如工商管理内容模型、本质、趋势与哲学等。另外，本套文库在表达方式上也颇具特色。

五、《21 世纪工商管理文库》的定位

1. 本套文库可供中国企业的中高层管理人员学习使用。通过对本套文库的学习，中国企业的中高层管理人员一方面可吸收和运用西方的适合在中国应用的基础理论，同时结合中国的管理哲学与艺术，把中国的企业做精、做强、做大，参与国际竞争，并保持可持续成长。

2. 本套文库可作为中国企业的中高层管理人员的培训教材。本套文库系统、全面、案例丰富，基础理论和中国实际结合紧密，这对于全面提高中国企业的中高层管理者的素质和管理水平是很有帮助的。

3. 本套文库可作为中国 MBA 或 EMBA 的辅助教材或配套教材，也可作为其他层次工商管理专业的辅助教材或配套教材。和现有的中国 MBA 或 EMBA 教材相比较，该套文库是一个很好的补充，而且更易读、易懂、实用。

明确的定位和清晰的理念决定了我们这套文库自身独有的特色，可以令读者耳目一新。

夏洪胜

2013 年 12 月

目　录

第一章 导 论

集团开设新公司，组织形式的选择有讲究

甲公司刚成立时规模并不大，但由于公司领导人决策正确，经营有方，牢牢把握了发展机遇，公司自成立以来，一直致力于不断开拓新的市场，取得了显著成效，公司业务量逐年递增，营业额每年都以成倍的速度增长，利润也成倍增长。为了方便开拓新的市场，甲公司拟投资新开设一家公司，根据财务部门有关人员的预测，该新设立的公司当年的税前会计利润为 25 万元，而甲公司当年的税前会计利润可达到 120 万元，所得税税率为 25%。甲公司此时有两种决策方案可供选择：方案一是设立全资子公司，该子公司符合小型微利企业条件，所得税税率为 20%，并且可向甲公司分回利润 5 万元；方案二是设立一家分公司。假设不存在相关的纳税调整事宜，甲公司该如何选择呢？

甲公司的总经理请教相关的税务专家，税务专家给出的意见如下：

方案一：设立全资子公司，子公司应缴纳的所得税为：

$$25 \times 20\% = 5 \text{（万元）}$$

甲公司应缴纳的所得税为：

$$120 \times 25\% + 5 \div (1 - 20\%) \times (25\% - 20\%) = 30.31 \text{（万元）}$$

则该集团的整体税负为：

$$30.31 + 5 = 35.31 \text{（万元）}$$

1

方案二：设立分公司，甲公司的所得税为：

$(25 + 120) \times 25\% = 36.25$（万元）

两种方案一比较，显而易见，设立子公司比设立分公司为甲公司节税0.94万元，于是甲公司选择设立子公司。

乙公司因业务发展需要，欲投资成立一家B公司，新成立的公司回收周期长，根据有关人员测算，在成立当年，B公司亏损420万元；而乙公司当年的税前利润为1200万元，适用于25%的所得税税率。同样，乙公司可以选择成立子公司或者是成立分公司，假设不存在相关的纳税调整事宜，乙公司该如何选择呢？

两种方案各应缴纳的所得税款如下：

方案一：设立子公司，乙公司所缴纳的所得税为：

$1200 \times 25\% = 300$（万元）

方案二：设立分公司，乙公司所缴纳的所得税为：

$(1200 - 420) \times 25\% = 195$（万元）

在这种情况下，如果选择设立分公司，则能为乙公司节税105万元。

资料来源：杨勇. 新税法下企业所得税税务筹划 [J]. 财会通讯，2009 (1).

【案例启示】 情形不同，选择不一。甲公司在下属企业微利的时候，选择以子公司的组织形式成立新公司，能有效地降低集团的整体税负；而乙公司在下属公司亏损的情况下，选择以分公司的组织形式成立新公司，也为企业节税了。当然，上述两个案例中，都未考虑《税法》对未分回利润和亏损的处理方法，但是，从长远看，即便不能减轻企业税负，企业也推迟缴纳了税款，为企业争取了资金的时间价值。这就是税务筹划的微妙之处。

本章您将了解到：

● 税务筹划的本质

● 税务筹划存在的风险

● 税务筹划的方法和步骤

第一节 税务筹划的概念及特征

精打细算，油盐不断。

——佚名

一、什么是税务筹划

税务筹划又称税收筹划。为什么本书采用税务筹划而非税收筹划的概念呢？因为在会计领域里，税收会计的会计主体是税务部门，其核算对象是税收资金及其运动。而税务会计的会计主体是纳税人，其核算对象是企业纳税事项，而本书是以纳税人为会计主体，特别是针对企业纳税等事项进行的筹划，因此，称为税务筹划，而非税收筹划。

近年来，税务筹划无论是理论上还是实务中都有了迅速发展，但是关于税务筹划的概念，理论界和实务界的描述并不太一致，而且分歧较大。因此，在了解税务筹划有关知识时，有必要对税务筹划的概念进行一个清晰的定义。

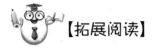【拓展阅读】

广义与狭义的税务筹划

广义的税务筹划涉及内容和手段广泛，它是一系列纳税方案的策划与安排，目的在于整体降低企业税负，提高企业的生产经营效益，内容包括企业税务的综合管理、合理节税、避税及税负转嫁等。

> 狭义的税务筹划是指纳税人通过对相关法律法规及其政策的研究，在遵守法律和规章制度的前提下，在企业经营管理的过程中，尽可能地为企业降低税负。在我国企业的实践中，很长一段时间以来，税务筹划被人们理解为节税。

税务筹划的概念可以表述为：税务筹划是指纳税人站在企业战略的角度，依据其所涉及的税境，在遵守相关税收法律的前提下，通过对企业的生产经营活动的事先安排，达到规避涉税风险，降低税收负担，实现涉税整体经济利益最大化的一系列策划行为和活动。

从上述税务筹划的概念中可以看出，税务筹划的会计主体是纳税人（或纳税代理人）；税务筹划的前提是不违反相关税收法律；税务筹划的目的是规避涉税风险、降低税收负担，实现整体经济利益最大化。

二、税务筹划的特征

税务筹划是在遵守国家有关税收法律的前提下进行的，因此，合法性是其最本质的特征。除此之外，税务筹划还具有其他一些特征，如超前性和目的性。税务筹划的特征如图 1-1 所示。

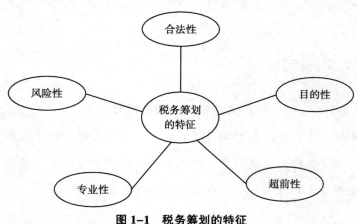

图 1-1　税务筹划的特征

（一）合法性

税务筹划与偷税、漏税、抗税、欠税最大的区别在于税务筹划是在严格遵守国家相关法律法规的前提下进行的一系列安排和规划活动，它的合法性是指任何筹划活动都是在遵守国家有关税收法律的前提下进行的。因此，合法性是税务筹划最本质的特征。税务筹划合法性包含的内容：企业开展的税务筹划活动只能在税收法律的许可范围内进行，不能违反有关税收法律的规定。任何违反税收法律，逃避纳税责任的行为，都不属于税务筹划的范围。然而，纳税人可以在遵守有关税收法律的前提下，通过事先合理地安排生产、经营和投资等活动来减轻税收负担，而不能用道德的名义要求纳税人选择高税负。

企业开展的税务筹划活动不仅要遵守有关国家税收法律的规定，还要顺应国家税收法律的立法精神，顺应国家的税收政策导向。

（二）目的性

税务筹划的目的性是指纳税人所进行的税务筹划方案要取得一定的税收利益，否则就失去了制订筹划方案的意义。这里税收利益既包括减少应纳税款的数额，也包括延长应交税款的时间。首先是减少应纳税款的绝对额。一般是通过选择低税负、低税率等方法，降低企业应纳税款的绝对数额，降低税收负担。其次是延迟应纳税款的时间。由于资金具有时间价值，通过延迟应纳税款的纳税时间，就可以降低企业的资金成本，从而间接地获得税收利益。但不论税务筹划最终的税收利益是哪一种方式，其结果都会使企业获得实际利益。

（三）超前性

税务筹划与其他节税手段的不同很大程度在于其超前性。税务筹划的超前性是指企业在纳税义务没发生的时候，有关部门就必须针对企业战略，事先制订好税务筹划方案。通常而言，纳税人的纳税义务具有滞后性，即只有在经济活动发生以后，企业才具有纳税义务，这就在客观上为企业税务筹划留下了空间。

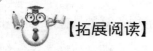【拓展阅读】

从扁鹊问诊得出的税务筹划道路

世人都知道扁鹊是名医，但很少人知道扁鹊还有两个哥哥，也医术超群。某天，魏文王召扁鹊入宫，问："你家有三兄弟，个个精于医术，哪一位的医术更超群呢？"

扁鹊答："大哥最好，二哥次之，我最差。"

魏文王不解："为什么你名气最大呢？"

扁鹊答："大哥治病，是在病人病情发生之前就做好了预防措施，所以没人知道自己得病了，以为自己很健康，还误以为大哥是骗子；二哥治病，是在病人病情有点迹象的时候就发现了病情的严重性，所以大家就觉得他只能治小病，没有多大本事；而我只能在病人病入膏肓时才发现病情，对病人给予治疗，所以大家认为我医术超群，能治大病。"

事后控制不如事前控制，问题出来了再寻求补救措施往往需要付出更大的代价。税务筹划工作始于其他工作之前。如在生产经营活动开始之前，企业可以根据政府的税收政策导向，利用税收法律中的税收优惠政策，对未来的生产经营活动进行计划和安排，从而降低税收负担。如果经济活动已经发生，那么应纳税额就已经确定，纳税人就必须承担纳税义务。这时，纳税人再去通过各种安排来降低其税收负担，其行为只能是违法的，而不能被认定为税务筹划。

（四）专业性

税务筹划是一项综合性很强的工作，涉及企业生产经营的各个环节，彼此之间的税负互相联系、相互牵扯，某个环节应纳税款的增加可能使得另外一个环节应纳税款的减少，某一期应纳税款的减少可能导致整体税负的增加，或者是整体税负的减少而导致了企业其他方面如企业形象、信誉的损失。因此，决定了税务筹划是一项系统性、专业性很强的活动，从业人员需要具备相关的丰富经验及精通会计、税收、法律和管理等方面的有关知识，并且对公司的生产经营活动有较深层次的了解。此外，随着经济和社会的发展，我国的税制分类日趋增加，税法多变和完善，单纯靠某一个人的知识和力量难以为企业最低限度地减少应纳税款，必须依赖专业团体机构的服务，为企业获取专业的税务筹划方案。

（五）风险性

税务筹划是能为企业获取一定的经济利益的行为，与此同时，也伴随着一定的风险。税务筹划的风险性是指在企业税务筹划的过程中，由于各种不确定性因素的存在，如国家政策、经济环境及企业的生产经营活动都处于不断的变化之中，导致其结果偏离预期目的的可能性，而这种可能性是客观存在的。如不确定性因素变动性越大，与之伴随的风险性也随之增加；如不确定性因素变动较少，风险性相对而言也减少。

从中国目前的实践而言，在企业税务筹划的过程中，不可避免地存在一定的风险性。但是，任何经济行为都需要付出相应的成本，不能因为税务筹划存在的风险性而失去为企业带来利益的可能性。在实践过程中，应尽可能地减少风险性，提高收益。

三、税务筹划与避税、偷税、骗税、抗税、欠税的区别

（一）避税

根据避税是否顺应税法的立法精神，避税可分为顺法避税与逆法避税。逆法避税是纳税人利用不同国家或地区税收制度的差异、税法不完善的地方甚至钻法律的空子，安排自身的经营活动，以达到少缴纳税款目的的行为。这种行为虽不违法，但却是不合理的，因为逆法避税是通过利用法律漏洞来减轻税负，这与税法公平、合理的本意相违背，也给国家造成了损失；而税务筹划的初衷是帮助企业合法且合理地减少税款，减轻企业负担。

长期以来，很多人混淆这两者的概念和区别，是没弄明白顺法避税与逆法避

税的区别。事实上，逆法避税并不等同于税务筹划，税务筹划是纳税主体对税法和有关政策解读后而实施的企业最优纳税方案，严格遵守税法，符合各项政策要求，其收益完全是合法且合理的。

（二）偷税

偷税是指纳税人采取欺骗、隐瞒等不正当或不合法的手段，达到不缴税或少缴税的行为。如纳税人伪造、变造、隐匿、擅自销毁账簿、记账凭证，或者在账簿上多列支出或者不列收入等行为。

（三）骗税

骗税是指纳税人假报出口或者其他欺骗手段，骗取国家出口退税的行为。如假报出口货物数量、货物价格和伪造涂改单证等行为。

（四）抗税

抗税是指纳税人以暴力或威胁等方法拒不缴纳税款的行为。如聚众闹事、威胁围攻税务机关、殴打税务干部等行为。

（五）欠税

欠税是指纳税人已经发生了应税义务，而在超过税法规定的纳税期限，未交或少交税款的行为。如纳税人有能力缴纳税款，但谎称无力支付等行为。

虽然避税、偷税、骗税、抗税和欠税等行为都是为了减少应纳税款，有些甚至达到了不纳税的程度，但是它们与税务筹划有着本质的不同。

税务筹划是在遵守有关国家的税收法律的前提下，纳税人所做的一种纳税选择活动，其结果是符合国家税收政策导向，并非简单的逃避纳税义务；而偷税、骗税、抗税和欠税等行为是违反国家有关税收法律规定的，要承担相应的法律责任，长此以往，对企业形象造成破坏，严重损害企业名声，将给企业带来不可估量的损失。

第二节　税务筹划的目标和原则

作为公民，你有义务纳税，同时你也必须了解你作为纳税人的权利。

——唐纳德·亚历山大

一、税务筹划的目标

税务筹划的目标是纳税人希望通过一系列的税务筹划行为和活动所能够达到预期的某种目标和结果。税务筹划的基本目标是降低税收负担，实现税收利润最大化。为了实现这一基本目标，税务筹划的目标可以细分为：维护纳税人的合法权益、实现涉税零风险、降低税收负担、获取资金的时间价值和提高自身经济效益。[①]

（一）维护纳税人合法权益

依法纳税是纳税人应当承担的义务，但税务机关在征税过程中也需要合理和合法地依据有关法律法规，纳税人依法享有一定的权利。

【拓展阅读】

纳税人的权利

国家税务总局《关于纳税人权利与义务的公告》（公告 2009 年第 1 号）中指出，纳税人在依法纳税的过程中，享有如下权利：知情权、保密权、税

---

① 尹光，黄培，邹荆. 报业集团的税务筹划 [J]. 中国报业，2003 (4).

收监督权、纳税申报方式选择权、申请延期申报权、申请延期缴纳税款权、申请退还多缴税款权、依法享受税收优惠权、委托税务代理权、陈述与申辩权、对未出示税务检查证和税务检查通知书的拒绝检查权、税收法律救济权、依法要求听证的权利和索取有关税收凭证的权利，共 14 项权利。

从筹划的角度而言，这些权利体现了纳税人的主观能动性，税务筹划的目标自然也包含维护纳税人的合法权益。

（二）降低税收负担

税务筹划产生的最初原因是为纳税人降低其税收负担。作为市场经济的主体，纳税人是纳税义务的承担者，在产权界定清晰的前提下，它追求自身经济利益最大化。企业经济利益最大化要求所获得的总收益和总成本之间差额的最大化，而降低税收负担是企业减少总成本的一个重要手段，因此，在总收益一定的情况下，企业必然要通过税务筹划减少总成本。需要注意的是，即使纳税人当年应纳税额的绝对值有所增加，只要应纳税总额与总收益之间的比率相对降低，就实现了降低税收负担的目标。

（三）实现涉税零风险

一般而言，纳税人认为税务筹划要能够实现应纳税额的绝对减少，而不能够绝对减少应纳税额的税务筹划不是成功的税务筹划。但是却存在涉税"零风险"的这样一种状态，在这种状态下，企业虽然没有获得应纳税额的绝对减少，但却能够间接地获得经济利益。所谓涉税"零风险"是指纳税人通过进行税务筹划，使得自身能够做到账目清楚，及时进行纳税申报和足额缴纳税款等，从而实现了依法纳税，避免税务机关的处罚，减少不必要的损失。

实现涉税零风险虽然不能够获得直接的税收收益，但是维护了企业的税务信用，这能够促进企业的规范化经营，有利于企业的长期健康发展。

我国目前在实施纳税人税务等级评定，省一级或者市（地）一级或者县（市）一级的国家税务局和地方税务局共同评定其所管辖的纳税人的纳税信用等级，被评定为 A 级纳税人的企业，可享有两年内免除税务检查；放宽发票领购限量；在符合出口货物退（免）税规定的前提下，简化出口退（免）税申报手续；各主管税务机关可以根据当地情况采取其他激励办税的服务措施等鼓励。

（四）获取资金的时间价值

资金的时间价值是指资金随着时间的推移会带来价值的增加，是资金通过投资或再投资后产生的增值额。既然资金具有时间价值，那么纳税人就可以在税法允许的范围内，把当期应纳税额延迟到以后进行缴纳，减少当期的应纳税额，相当于在当期获取了一笔免费可使用且没有任何风险的资金，也就是获得资金的时间价值，这是税务筹划的重要方式之一。

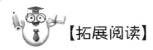【拓展阅读】

玫瑰花诺言

拿破仑 1797 年在卢森堡小学演讲时曾说过这么一番话：为了答谢该校对他和他妻子的热情款待，他决定不仅在这一天献上玫瑰花，而且在未来的岁月里，只要法兰西存在一天，在每年的这一天，他都将会送给该校同等价值的玫瑰花，作为法兰西和卢森堡的友谊之花。

后来由于拿破仑忙于战事，将该许诺忘得一干二净。但卢森堡小学显然对拿破仑这位欧洲巨人与卢森堡小学温馨相处的这一刻铭记于心，并载入史册。1984 年，卢森堡向法国提出申请并索赔，请求它们兑现"赠送玫瑰花"的诺言。

法国政府最初的时候为了保持伟大领袖拿破仑的声誉，准备不惜重金兑现该诺言，但是却被算出来的数据惊呆了：原本 3 路易的许诺，变成了1375596 法郎的巨款。法国政府经过思索后，这么答复卢森堡：往后，无论是在精神上还是物质上，法国都会支持卢森堡的教育事业，以兑现当初拿破仑将军的"玫瑰花诺言"。

为什么每年赠送 3 路易的玫瑰花，结果却变成了 187 年后需要支付 1375596 法郎的巨款呢？这就证明了资金的时间价值。延伸到税务筹划上看，虽然延迟缴纳的税款迟早都要缴纳，但是通过延迟缴纳就等于企业无偿地获得了一笔无息贷款，这笔资金不会有任何的风险，又能使企业当前拥有更多的资金来实现扩大生产规模等的生产经营活动，并且更多的流动资金增强了企业承担财务风险的能力。

资料来源：http://www.ooopic.com.

（五）提高自身经济效益

纳税人进行税务筹划的最终目标是为了提高自身的经济效益。如果只是把税务筹划的最终目标定位在降低税收负担上，那么纳税人只要不从事任何的生产经营活动，就不会产生任何纳税义务，也就无所谓税收负担。但是，从整体上讲，如果纳税人不进行任何经济活动，发展则无从谈起，更不可能获得什么经济利益。因此，税务筹划的目标不能仅要求降低税收负担，而更为重要的目标是提高自身的经济效益。这个又对税务筹划提出了更高的要求，更体现了税务筹划是一项综合性、专业性很强的事务，需要企业全体人员的关注和参与，共同致力于提升企业效益。

对于税务筹划的这些目标来说，它们之间往往是相互联系的，只是不同的企业有不同的具体目标。此外，对同一企业来说，在同一时期有几种具体目标，且不同时期的具体目标也可能有所不同、有所侧重。

二、税务筹划的原则

税务筹划的原则是纳税人从税务筹划实践中总结出来的，对税务筹划起到指导作用的一般准则。税务筹划作为纳税人的权利，纳税人在进行税务筹划活动时，必须遵循一定的原则，这样才能减少非法筹划行为，避免受到相关税务行政部门的处罚。税务筹划的原则一般包括以下几个方面（见图 1-2）：

合法性	时效性	整体性	效益性

图 1-2 税务筹划的原则

（一）合法性原则

合法性作为税务筹划的本质特征，也是税务筹划的一个重要原则。合法性原则要求纳税人在进行税务筹划时，必须以现行国家税收法律为前提，在熟知相关税法规定、对法律条文了解透彻的情况下选择最优的税务筹划方案。我国各个地区的税收政策差异性比较大，这就要求税务筹划人员对不同地区的税收政策要深入的了解，以便有针对性地制订方案。此外，还要深刻理解税法所体现的国家政策，顺应税法的立法精神，充分利用各种税收优惠政策，来实现长期降低税收负担的目的。只有在遵守合法性原则的前提下，纳税人才能保证所设计的税务筹划方案为税收主管部门认可，否则就可能受到严厉的处罚。我国税法目前正在不断完善，不时会对某些税法进行修订和调整，企业应及时了解该部分信息，不要因未及时了解税法的变动而遭受处罚。而任何以税务筹划为名，实施偷税、逃税的行为，都不是真正的税务筹划行为，这也是税务筹划与其他偷税、漏税等行为的最根本区别。

（二）时效性原则

税务筹划总是在纳税义务发生之前对企业的生产、经营、投资进行筹划，而当经济业务已经发生，纳税义务已经确定，就不存在税务筹划的问题。此外，税务筹划总是在一定法律环境下做出的，但是随着时间的推移，国家税收政策可能发生变动，这时，企业就必须不断调整和修改税务筹划方案，从而持久地获得税收收益。时效性也体现在充分利用资金的时间价值上。由于资金具有时间价值，纳税人可以通过对会计政策和会计方法的选择以尽可能获得延迟纳税的时间，从而可以在不减少应纳税额的情况下，获得资金的时间价值。

（三）整体性原则

整体性原则是指纳税人在进行税务筹划时，必须从整体进行税务筹划，综合衡量，寻求整体和长期的税收负担最低，而不能只着眼于某个方面的支出小。整体性原则要求企业在税务筹划时，不能仅考虑个别税种、税负的高低，而要着眼于整体税负的轻重，从而可以有效地防止顾此失彼，实现整体经济利益的最大化。此外，企业的纳税活动与其经营活动存在着密切的关系，税务筹划不能脱离经营活动来进行。

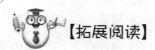【拓展阅读】

税收要通盘考虑

企业在进行税务筹划时，不仅要考虑税收因素，还要考虑非税收的因素。企业税务筹划必须为企业的经营战略服务，结合企业的整体利益，为实现企业整体价值最大化服务。

如国家鼓励企业进入某一地区发展，在该地区开设企业会有税收优惠，但是在该地区开设公司可能并不符合企业的经营发展战略需要，就不能为了单纯的税收优惠而在该地区开设公司。这些都要求税务筹划必须从企业战略角度出发，综合考虑，运筹帷幄。

(四) 效益性原则

税务筹划的最终目标是为了提高企业的经济效益，这就要求纳税人所设计的税务筹划方案，应该取得相应的税收收益。这里的税收收益是指除去税务筹划成本之后获得的最大的税收收益，包括绝对的税收收益和相对的税收收益。其中，绝对的税收收益是指通过税务筹划直接减轻了纳税人绝对的税收负担；相对的税收收益是指纳税人通过税务筹划使其获得的除直接效益之外的额外效益。此外，税务筹划不能为了筹划而筹划，纳税人除了关注税收收益外，还应结合企业的发展战略。当纳税人的税务筹划方案与其战略发生冲突时，即使这项税务筹划方案可以获得很大的税收收益，也应当以企业的发展战略作为首要选择，因为，只有取得了长期的发展，企业才能够获得更大的经济效益。

第三节　税务筹划的影响因素和存在的风险

风险来自你不知道自己正在做什么！

——沃伦·巴菲特

一、税务筹划的影响因素

税务筹划行为的目的在于减轻纳税人纳税负担和帮助企业实现税收收益最大化。企业制订了某种税务筹划方案，但是在税务筹划方案执行过程中，会受到各种各样的因素影响和制约，不是所有的筹划方案都能取得预期的筹划效果，在实践筹划方案的过程中，由于外界环境的不可控性，税务筹划方案会受到以下多方面因素的影响。

（一）税务筹划基础的不稳定性因素

税务筹划方案总是在一定的条件下制订、选择和实施的，这些条件就是税务筹划的基础。

税务筹划方案总是以企业现有的会计核算制度和财务管理水平为基础。如果企业现有的会计核算制度不健全、财务管理水平低下，就可能导致与相关经济业务的税务筹划信息严重失真，从而使得税务筹划归于失败。

税务筹划总是针对一定的经济业务进行的，由于各种税种都规定了相关的计税和纳税方法，而且许多税收优惠政策是针对具有某一特征的、符合某些条件的纳税人所作出的，因此，对该项经济业务的税务筹划可能因为相应条件的变化而导致失败。

如果企业只为了达到降低税收负担，而不考虑企业战略的需要，从长期看，存在的风险和隐患可能给企业带来更大的潜在损失。

（二）税务筹划人员的主观性因素

税务筹划方案的制订、选择和实施取决于税务筹划人员的素质、相关税收政策和相关经济业务的认识与判断，从而使得税务筹划具有很大的主观性。税务筹划方案实施成功与否，与税务筹划人员的素质密切相关。如果税务筹划人员没有牢固地掌握相关的专业知识，对税务筹划也缺乏足够清醒的认识，甚至认为税务筹划就是搞关系、找路子、钻空子，那么所制订的筹划方案就可能存在极大的风险，甚至可能遭受税务机关的处罚。

此外，成功的税务筹划方案还要求税务筹划人员对相关的税收政策和企业内部经济业务相当熟悉。如果税务筹划人员对相关的税法、财务、会计等政策以及对企业内部的经济业务不够熟悉，则所制订的税务筹划方案不符合企业实际需要，甚至违反国家相关的税收法律和法规，从而导致税务筹划方案的失败，给企业带来无法估量的损失。

（三）国家税收政策的时效性因素

为了不同的经济时期经济发展的需要，为了实现国家的产业和经济结构的调整，国家的税收政策总是要做出相应的变更，旧的政策必须不断地被修正甚至取消，新的政策也不断地被推出，从而使得国家税收政策具有不定期或相对较短的时效性。如果税务筹划方案不能跟上国家税收政策的改变，那么其原有的税务筹划方案就可能由合理变得不合理，由合法变得不合法。

但是国家税收政策的变化并不一定都会带来税务筹划风险，如果国家税收政策的变化没有超出预测的范围，税务筹划还是完全可以达到预期目标的。此外，国家税收政策的变化会使得企业面临新的税务筹划机会，从而通过相应的税务筹划获得更多的税收收益。

（四）税务筹划方案的认定差异性因素

虽然税法以法律条文的方式规范了纳税人的纳税行为，但是企业的税务筹划方案是不是符合税法的规定，则在很大程度上取决于税务机关的认定。造成税务征纳双方认定差异的原因在于：税法无法对具体的税收事项进行详细的规定，从而使得税务机关在具体的税收事项的执法过程中存在弹性空间。

此外，税务行政执法人员的素质参差不齐也是导致税收政策执行偏差的一个重要因素。一旦企业自认为合法的税务筹划方案，被税务机关认定是恶意避税或偷税行为，不仅不会为企业带来税收利益，还可能要受到税务机关的处罚。

二、税务筹划的风险

在谈税务筹划风险之前，先来看一则小故事。

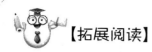

【拓展阅读】

禅师取水

　　一位禅师和他的一位弟子外出化缘，正好是夏天，天气炎热，走了一段路以后，都觉得非常口渴。他们刚刚才经过一条小河流，于是禅师吩咐小和尚回头去打点水来喝，小和尚拿着衣钵就去取水了。过了一会儿，小和尚垂头丧气地回来了，禀告禅师说，小河的水被一群赶马人给弄得很浑浊，没法饮用了。不如再走两个小时到前面的小溪取水喝。

　　禅师皱了皱眉，说，哪有羊不吃身边的草，却要翻山越岭去吃对面山头的沙呢？我们现在又渴又累，你还是再跑一趟去取些水来吧。小和尚心不甘情不愿地又去了，结果到河边，很惊奇地发现，才这么一小会儿的时间，小河水就变得很清澈。

　　故事中禅师让小和尚回头去取水，冒着水还是很脏的风险，但如果不脏，他们就可以短时间内喝到水；如果听取小和尚的建议，到下一条小溪取水，就需要忍受长时间的口渴。

　　任何决策有收益的同时也存在风险，税务筹划行为也要衡量风险和收益。

作为企业管理人员，围绕着税务筹划工作，应该提醒自己几个问题：①税务筹划可以带来收益，实际上存在风险吗？②风险来自哪些方面？③企业应该如何去防范这些风险?

如果不能够对税务筹划的风险进行识别和防范,企业可能不仅不能够从税务筹划方案中获得税收收益,而且还可能遭受更大的损失,从而使得税务筹划方案归于失败。因此,企业在进行税务筹划时,需要对税务筹划的风险有清醒的认识,并能进行有效的防范。

风险代表的是一种不确定性,而税务筹划作为一种事前筹划的经济行为,是通过对自身经济活动的事先安排来降低企业税收负担的。由于税务筹划方案是企业在现有的条件下预先制订的,属于事先规划,而在执行方案的过程中,外部环境与当初制订方案的环境相比,可能发生很大变化,这就使得税务筹划方案的结果也变得不确定了,正是这种不确定性构成了税务筹划的风险。

虽然,目前对于税务筹划风险并没有一个确切的定义,但为了对税务筹划风险有个更加清晰的认识,本书认为,税务筹划风险是指税务筹划方案的事先筹划性与方案执行过程中存在的各种各样的不确定性之间的矛盾,造成税务筹划方案的实际收益与企业预期结果的偏离。主要包含内部风险和外部风险两个方面。

(一) 内部风险

1. 经营风险

任何的税务筹划方案都是在遵守现有的税收法律法规的前提下,针对企业生产经济活动中具体经济业务行为所作出的。而企业经济活动的变化就会对税务筹划的收益产生重大影响,甚至导致税务筹划方案的失败。

(1)随着企业内部战略的调整以及企业外部因素的变化,企业的经营活动可能就需要随时变化,这时,就会对当初制订的税务筹划方案产生影响,从而产生税务筹划的经营风险。

(2)企业在进行税务筹划时,不能片面地开展税务筹划,应该从整体的角度考虑问题,从而实现整体税收收益的最大化。

(3)在对单一经济活动进行税务筹划时,由于税务筹划不仅带来收益,也必然需要付出成本,因此,需要以成本—收益分析法为指导,保证税务筹划的收益大于成本,而不能为追求降低税负,忽略成本的大小。

2. 人员风险

税务筹划作为一种对专业化程度要求比较高的决策行为，要求对相关的税务筹划人员在会计、财务和税务等专业知识和企业内部的经济业务都比较熟悉。与此同时，税务筹划人员本身的道德也会对税务筹划造成一定的风险。如果税务筹划人员自身素质不高，就可能造成所做出的税务筹划方案并不被税务执法人员所认可，甚至被认为是偷税、漏税行为。如果税务筹划人员对相关的专业知识和内部经济业务不够熟悉，则所做的税务筹划方案可能会违反有关税收法律。这时，不仅没有降低企业税收负担，而且还可能会受到相应的处罚，从而使得税务筹划方案归于失败。

（二）外部风险

1. 政策风险

税务筹划总是在遵守相应的国家税收政策的前提下进行的，但是国家的税收政策总是随着经济环境的变化而变化。

国家税收政策变化的原因主要有以下两个方面：

（1）随着经济形势的不断变化，税收政策作为国家宏观调控的重要手段，也必然会做出相应的变更。

（2）任何税收法律和法规都不可能是完美的，总是存在相应的缺陷和漏洞，为了不断地完善，政府会对其进行补充和修订甚至取消。

企业的税务筹划方案总是以现行的国家税收政策为前提而制订的，因此，当国家相关的税收政策发生变化时，所做出的筹划方案就可能失败。国家税收政策的时效性导致了企业的税务筹划方案必将面临着政策风险。因此，企业在进行税务筹划时，必须不断关注国家税收政策的变化，及时对税务筹划方案进行相应的调整。

2. 执法风险

由于企业所制订的税务筹划方案是否符合有关税法的规定，需要税务机关给予相应的认定，而税务执法人员在一定程度上存在自由的裁量以及部分税务执法人员素质不高，从而使得企业的税务筹划方案在认定过程中存在着执法风险。

一般来说，执法风险主要来源于两个方面：

（1）税法给予税务执法人员一定的自由裁量权，从而使得税务执法人员与税务筹划人员在相关的税收法律和法规理解上的不一致。

（2）税务执法人员本身的素质低下，法制观念淡薄，从而使得税务筹划方案存在着一定的灰色地带。执法风险集中体现在合法的税务筹划行为可能被税务部门认为偷税、漏税行为，而受到相应的处罚。

此外，本属不合法的税务筹划方案也可能由相应的行贿、受贿而获得通过，从而导致企业对该风险的放任自流，为以后更大的税务筹划风险埋下了隐患。执法风险的规避需要企业与税务筹划机关形成良好的税企关系，从而帮助企业能够及时了解税务部门对于相应行为的观点，避免不必要的税务筹划风险。

三、税务筹划风险防范

只要企业进行税务筹划，就必然客观存在税务筹划风险。企业对于税务筹划的风险并非是无能为力的，是完全可以进行相应的防范和控制的。根据税务筹划风险的成因及具体的风险内容，税务筹划风险的防范可以从以下几个方面着手：[1]

（一）树立税务筹划的风险意识，加强规范会计核算基础

由于税务筹划方案在执行过程中，企业外部环境的多变性和复杂性，加之不确定性事件的发生，使得税务筹划无时无刻都面临着很大的风险，因此，在实施税务筹划的过程中，应牢固树立风险意识。

仅仅有风险意识远远不够，还必须对企业的税务筹划的风险进行识别和分析，并建立一套科学的税务筹划风险防范体系。如密切关注国家的税收政策的变化，收集与税务筹划方案有关的信息，并对之进行分析，从而预先采取防范措施。

---

[1] 王仁祥. 中小企业税务筹划的风险及防范 [J]. 中国市场，2005（28）.

企业要避免税务筹划的风险，必须具有依法纳税的理念，而依法取得会计凭证，并对其进行记录和规范等会计核算基础工作，是企业能否通过税务机关的检查、能否获得税务机关认可的依据。因此，企业要实施更为有效的税务筹划，必须加强规范会计核算的基础。

（二）运用成本—收益分析法，贯彻整体收益最大化原则

由于任何一个税务筹划方案的实施，不仅使企业获得税务筹划的收益，也必然会给企业带来一定的成本。因此，在对任何一项经济业务进行税务筹划时，必须运用成本—收益分析法，对其成本和收益进行比较，从而决定该税务筹划方案是否可行。一般来说，税务筹划方案的收益不仅要大于其显性成本，还要大于其隐性成本，这时，该税务筹划方案才是合理的。此外，在进行税务筹划时，不要紧盯个别税种的税负降低，而是要求整体收益的最大化。与此同时，还要考虑企业长期发展战略的要求，不仅要实现短期的企业整体收益的最大化，而且要实现长期的企业整体收益的最大化，只有把短期和长期结合，才能不至于顾此失彼，从而实现企业的长期发展目标。

（三）借用外部专业人员或机构，保持税务筹划的灵活性

由于税务筹划是一项专业性程度比较高的活动，要求税务筹划人员具有扎实的理论知识和丰富的实践经验。当企业内部的税务筹划人员不能够独立完成这项工作时，就需要聘请一些税务专家进行指导，或者委托专业的税务筹划机构帮助企业完成税务筹划活动，从而提高税务筹划方案的合理性，提高税务筹划方案的成功率。在当今的市场经济条件下，企业面对的外部环境时刻都在变化，尤其是国家税收政策的变化，使得税务筹划方案可能不能够按照既定的安排完成，这就需要企业不断更新其税务筹划的方案，并保持一定的灵活性，趋利避害，最终实现企业的税务筹划目标，降低税务筹划的风险。

（四）营造良好的税企关系

由于税收法律的不完备性，以及税法所赋予税务机关较大的自由裁量权，使得企业的税务筹划方案是否合法，需要经过税务机关的认定。因此，必须营造良好的税企关系，加强和税务机关的联系和沟通，从而保证在对相关的税收法律和

法规的理解上与税务机关取得一致，特别对于一些修改或新制定的法律内容上，必须得到税务机关的认可，只有这样，才能够保证企业所制订的税务筹划方案得到当地税务机关的认可，从而避免税务筹划的执法风险。

总之，税务筹划是一项需要长期规划、综合考虑的专业性很强的工作。企业在进行税务筹划时，不仅要有较规范的会计核算基础，而且要求对当前的税收法律和法规相当熟悉。此外，还需要密切关注企业内外部环境的变化，特别是国家税收政策的变动，并营造良好的税企关系，在兼顾短期和长期企业的经济利益的同时，谋求企业整体税收利益的最大化。

第四节　税务筹划的步骤和分类

税务筹划的步骤是先知觉、有意愿、量己行、衡外情、定目标、找策略、重实践、善反省、再调整、重出发的循环过程。

——佚名

《孙子兵法》云："知己知彼，百战不殆"。企业要进行税务筹划，前期的准备工作必不可少，既包括对税法等外部情况的了解，也包括企业对自身状况的清醒认识。只有全方位地收集信息，做好计划，才能降低筹划失败的风险。

一、税务筹划的步骤

税务筹划的步骤是纳税人为了实现税务筹划目标所遵循的一系列步骤。它一般包括以下环节（见图 1-3）：

（一）熟悉相关的税收法律

税务筹划方案是在遵守相关的税收法律的前提下，利用税收法律和法规等税

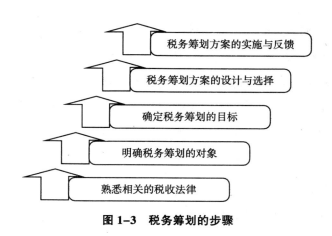

图 1-3　税务筹划的步骤

收制度的差异来制定的，因此，在确定了税务筹划的对象后，必须收集与之相关的税收法律和法规，并要对其法律精神和政策有深刻的解读，理解其隐含含义。只有在熟悉了相关的税收法律和法规的规定后，才能更好地制订税务筹划方案。

纳税筹划方案不仅要合法，而且要合理。国内目前的税法还存在一些漏洞，因此税务机关在执行的时候尺度会比较灵活，所以不但要对相关法律有深入的了解，而且对法律所处的大环境也要深刻了解，这一点在进行国际税务筹划的时候显得尤为重要。虽然我国目前的法律制度是以德国法律制度为模型的，即采用成文法系，但是在税务实践中，选择有代表性的纳税案例进行研究，具有一定的参考价值和借鉴作用。

（二）明确税务筹划的对象

税务筹划总是针对一定的经济业务来进行的，如企业的经营、投资、筹资等具体业务。因此，在进行税务筹划时，首先要明确税务筹划的对象，即要筹划的是哪一种业务或相关联的业务。如果是相关联的业务，还要分析各相关业务之间的关系，了解它们之间的相互影响。

（三）确定税务筹划的目标

在设计和选择税务筹划之前，需要根据所要筹划的对象和相关的税收法律和法规，确定税务筹划的目标。因为，只有明确税务筹划的目标，才能设计税务筹划方案，并对设计的税务筹划方案作出选择。

（四）税务筹划方案的设计与选择

明确了以上内容之后，就需要着手设计税务筹划方案，一般来说，税务筹划方案总是利用相关的税收法律和法规，通过对税务筹划对象的适当安排来实现的。税务筹划方案设计完毕，如果税务筹划方案只有一个可选，那么就不存在税务筹划方案选择的问题，但通常情况下，所设计的税务筹划方案不止一个，这就需要通过与所要实现的税务筹划目标进行对比分析，从中选择出一个最能实现税务筹划目标的方案。

（五）税务筹划方案的实施与反馈

当选定税务筹划方案后，就需要对方案进行实施。在实施的过程中，需要了解实际的经济活动情况与税务筹划方案的实施情况，因此，就需要通过一定的信息反馈渠道了解税务筹划方案的实际执行情况。对于所获得的反馈信息还需要与所要实现的目标进行对比，发现存在哪些差异。当出现较大差异时，应找出其发生的具体原因，并对税务筹划人员进行相应的指导。当税务筹划方案有误时，应当及时地进行修订；当企业所处的环境发生变化时，如果有必要，还需要重新设计税务筹划方案。

二、税务筹划的分类

为了深入研究税务筹划，建立税务筹划的科学体系，就需要对税务筹划进行科学分类。税务筹划可以按照以下标准进行分类（见表1-1）。

表1-1　税务筹划的分类

划分依据	分类	含义
按税务筹划的主体分类	企业税务筹划	以企业税收为筹划对象的税务筹划
	个人税务筹划	以个人税收为对象的税务筹划
按税务筹划的税种分类	流转税的税务筹划	流转税包括增值税、消费税、营业税、关税等；其他税种包括资源税、土地增值税、城镇土地使用税、房产税、契税、印花税、车船税、车辆购置税等
	所得税的税务筹划	
	其他税种的税务筹划	
按税务筹划的国境分类	国内税务筹划	是纳税人利用国内税法规定的不完备性进行的税务筹划
	国际税务筹划	是跨国纳税人利用国家与国家之间的税收政策差异进行的税务筹划

根据以上对税务筹划的分类，本书将以企业为纳税主体，对企业生产过程中所涉及的各种税种进行讲解，然后，对国际税务筹划进行简单的介绍。

第五节　本书的内容结构

为了使本书内容的逻辑结构更加清晰，特给出本书的内容结构（见图1-4）。

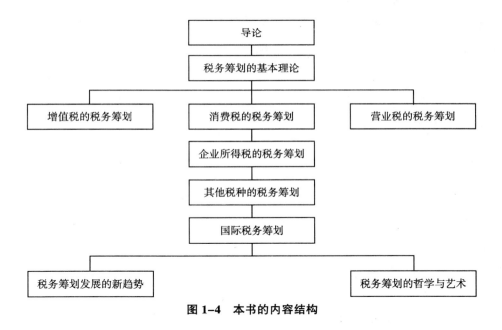

图1-4　本书的内容结构

本章小结

税务筹划是指纳税人站在企业战略的角度，依据其所涉及的税境，在遵守相关税收法律的前提下，通过对企业的生产经营活动的事先安排，达到规避涉税风险、降低税收负担、实现涉税整体经济利益最大化的一系列策划行为和活动。

税务筹划的目标就是在保证纳税人的涉税"零风险"的状态下，维护纳税人的权益和降低纳税人的负担，帮助纳税人获取资金的时间价值，提高纳税人的效益。在税务筹划时，应遵循合法性、时效性、整体性和效益性四个原则。

因为税务筹划是在一定的条件下进行的，所以在税务筹划过程中，不可避免地会受到许多因素的影响，如税务筹划人员的主观性因素、国家税收政策的影响以及税务筹划方案的认定差异性因素等，这些因素都会使得税务筹划方案达不到预期的效果，从而加大税务筹划的风险，税务筹划的风险包括内部风险和外部风险。纳税人要进行有效的风险防范，可以从树立税务筹划的风险意识，加强规范会计核算基础、运用成本—收益分析法，贯彻整体收益最大化原则、借用外部专业人员或机构，保持税务筹划的灵活性、营造良好的税企关系等方面努力。

税务筹划的步骤包括熟悉相关的税收法律、明确税务筹划的对象、确定税务筹划的目标、税务筹划方案的设计与选择、税务筹划方案的实施与反馈。

第二章　税务筹划的基本理论

合理规划，应交千万元税款变成零

某集团拥有超过 10 家的下属公司，其中一家 A 公司投资某一项目，经过多方面的努力，还有 2 亿元的资金缺口无法满足。该项目对 A 公司的发展至关重要，A 公司想方设法寻找融资途径。经多方了解，发现同一集团内的 D 公司可以拿出 2 亿元的闲置资金，但是 A 公司与 D 公司平时没什么业务往来，D 公司不可能直接把钱借给 A 公司。眼见有笔钱却无法为己所用，A 公司很苦恼，此时，A 公司内有人了解到，D 公司与 C 公司平时关系融洽，如果由 C 公司出面，D 公司应该愿意将该笔钱借出；而 C 公司与 B 公司业务来往较多，如果 B 公司出面，C 公司就愿意去向 D 公司借这笔钱；B 公司恰好又是 A 公司的合作单位。因此，如果 A 公司通过 B 公司、C 公司层层借贷的方式，约定利率为 10%，借款期限为一年，可以将这笔钱借到手。

但是，问题来了：

D 公司向 C 公司借出该笔资金，产生的利息收入为：$20000 \times 10\% = 2000$（万元）

则应缴纳营业税为：$2000 \times 5\% = 100$（万元）

应缴纳的城市维护建设税与教育附加税为（城市维护建设税税率为 7%，教育附加税征收率为 3%）：$100 \times (7\% + 3\%) = 10$（万元）

为了简化问题，不再计算交易过程中所产生的其他费用以及要缴纳的印花税。

应缴纳的所得税为（所得税税率为 25%）：（2000 − 100 − 10）× 25% =472.5（万元）

则 D 公司在这笔交易中应缴纳的税款合计为：472.5 + 100 + 10 = 582.5（万元）

同理，C 公司和 B 公司一样需要缴纳 582.5 万元的税款。

这样一来，B 公司和 C 公司不愿意了，它们从中没有得到任何的金钱收益，只是为了做个人情，却要付出这样的巨额税款。

那还有没有别的解决办法呢？

方案一：将借贷改为投资，因为根据现行税法，以现金投资取得的收入属于分配，不用缴纳营业税、城建税以及教育附加税，但仍然需要缴纳所得税。但是，D 公司的风险会增大许多。这种方案，D 公司不同意。

方案二：如果将 B 公司、C 公司的借贷改为担保，则 B 公司、C 公司没有取得收入，不需要缴纳 582.5 万元的税。

D 公司取得了业务收入，只有 D 公司需要缴纳税款。

结果肯定是采用方案二，B 公司、C 公司不用额外缴纳税款，做了顺水人情，A 公司也如愿以偿地取得了它想要的资金。

资料来源：庄粉蓉.纳税筹划实战精选百例 [M].北京：机械工业出版社，2010.

【案例启示】 如果不进行税务筹划，要么 B 公司和 C 公司多付出 1165 万元的税款，B 公司、C 公司显然是不愿意的；要么 A 公司就无法取得这笔融资。通过筹划，三公司都达到了想要的效果。

本章您将了解到：

● 绝对筹划思路和相对筹划思路

● 税额筹划原理、税基筹划原理和税率筹划原理

● 税务筹划的手段和技术

第一节 税务筹划的基本思路

任何一个人都有权安排自己的事业，依据法律这样做可以少缴税。

——汤姆林

税务筹划的目标之一是维护纳税人的合法权益，减轻纳税人的税务负担。要实现这些目标应该从哪些方面着手呢？

降低企业税务负担，无非是通过两种途径实现：一种是减少应缴纳税款的绝对数额；另一种是延迟缴纳税款，获取资金的时间价值。

因此，相应的，我们就有两种筹划思路：一种是减少缴纳税款的绝对数额，本来应该缴纳一定数额的税款，通过筹划后，达到减少缴纳税款甚至免予缴纳税款的目的，如本书的开篇案例所示，使得纳税人获得直接的经济效益，也就是我们所说的绝对筹划思路；另一种是该缴纳的税款一分都不少，但使缴纳的时间往后延期，获取了资金的时间价值，也就是我们所说的相对筹划思路。

一、什么是绝对筹划思路

绝对筹划思路是指通过税务筹划使纳税人在某一个时期内纳税总额的绝对额减少，从而取得绝对收益的一种税务筹划思路。

绝对筹划思路要求纳税人在遵守有关国家税收法律的前提下，从各种可供选择的税务筹划方案中选择缴纳税款最少的方案。

【案例 2-1】

某公司税收的绝对筹划思路

A 公司本年度的应纳税所得额为 200 万元，适用于 25% 的所得税税率，如果 A 公司无法享受任何的税收优惠，那么企业应缴纳的所得税为 50 万元；如果 A 公司通过筹划，使得其适用所得税的税率为 20%，那么公司所需要缴纳的所得税为 40 万元。如果筹划成本不高，该筹划思路则为企业减少了应纳税所得额 10 万元。

点评：使用这种方法，并没有损害社会效益，又使得企业获得了绝对的税收优惠，增加了企业收益，该部分收益也可用于改善职工福利，使得企业获得经济效益。

需要注意的是，这里是在其他因素不变的情况下作出的方案，当存在多个可供选择的税务筹划方案时，就需要对它们进行对比，选择能够最大限度上减少应纳税额的税务筹划方案。

二、什么是相对筹划思路

相对筹划思路是指纳税人一定时期内的纳税总额并没有减少，但通过税务筹划可以使某些纳税期的纳税额递延到以后的纳税期实现，从而取得了递延纳税额的时间价值，增加了相对收益的一种税务筹划思路。

相对筹划思路的根源在于资金的时间价值，通过延迟缴税时间，纳税人相当于获得了银行的一笔无息贷款，从而就有更多的资金来投入进行当期的扩大再生产。资金时间价值对企业经营理财业绩及税负水平的最深刻影响表现在现金流量的内在价值方面。

【案例 2-2】

企业所得税扣除规划

某公司在 2010 年和 2011 年的税前利润都为 180 万元，适用于25%的所得税税率，2010 年公司产生了一笔 80 万元的费用支出，按照税法规定，该项费用既可以当年一次性扣除，也可以选择在 2010 年和 2011 年两年内扣除完毕。假设预计投资收益率为 10%，对应的 1 年和 2 年折现率分别为 0.909 和 0.826，不考虑其他费用因素，公司应该选择哪种扣除方式对其最为有利呢？

方案一，2010 年一次性扣除：

2010 年应纳企业所得税 = $(180 - 80) \times 25\% = 25$（万元）

2011 年应纳企业所得税 = $180 \times 25\% = 45$（万元）

则 2010 年和 2011 年应纳企业所得税合计 = $25 + 45 = 70$（万元）

方案二，采用 2010 年和 2011 年两年平均扣除：

2010 年和 2011 年应纳企业所得税额合计 = $(180 - 40) \times 25\% \times 2 = 70$（万元）

计算不同扣除方法应纳企业所得税的净现值

一次扣除时：

应纳企业所得税的净现值 = $25 \times 0.909 + 45 \times 0.826 = 59.895$（万元）

两次平均扣除时：

应纳企业所得税的净现值 = $35 \times 0.909 + 35 \times 0.826 = 60.725$（万元）

从以上的计算结果可知，虽然两种扣除方法所要缴纳的企业所得税总额相等，均为 70 万元。但通过计算资金的时间价值，一次性扣除比两年平均扣除相对节税 8300 元，取得的税收收益更大。

第二节 税务筹划的基本原理

纳税人以法律许可的手段减少应纳税额，甚至避免纳税，是他们的合法权利，这一点不容置疑。

——G.Suthorland

根据"应纳税额 = 税基 × 税率"这一纳税原理，税务筹划的基本原理分为税额筹划原理、税基筹划原理和税率筹划原理。

一、什么是税额筹划原理

税额筹划原理是指纳税人通过直接减少应纳税额的方法来减轻税收负担或者免除纳税义务的原理。

纳税人常常是通过税收优惠中的税额抵扣、减免税和退税来实现对税额的筹划，如图 2-1 所示。

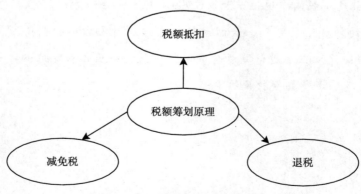

图 2-1 税额筹划原理实现方式

（一）税额抵扣

这是一项税收优惠，按照税法的规定，纳税人在纳税时，对于经营业务过程中已缴纳的税款可予以全部或部分的抵扣，不再重复纳税，属于特殊的免税和政策。许多税种都有税额抵扣，包括增值税进项税额的抵扣、其他税种税款抵扣。

1. 增值税进项税额的抵扣

由于增值税只针对增值部分征税，在计算税款的时候，增值额和非增值额是难以划分清楚的，在征收增值税时，实行税款抵扣制度，直接降低了纳税人的税收负担。

《中华人民共和国增值税暂行条例》第 8 条规定，纳税人从销售方取得的增值税专用发票上注明的增值税税额和从海关取得的完税凭证上注明的增值税税款，其进项税额准予从销项税额中抵扣。

2. 其他税种税款抵扣

其他税种税款抵扣包括消费税、所得税、农业税等税种。如按照国税发〔1995〕94 号文件规定，以委托加工收回的已税汽车轮胎、已税摩托车连续生产的汽车轮胎和摩托车，准予从应纳税额中扣除原料已纳消费税税款。按照国税发〔1994〕15 号文件规定，纳税人以外购的液体盐加工的固体盐，其加工固体盐所耗用的液体盐的已纳税款准予从应纳资源税税额中扣除；按照〔1994〕财农字第 7 号文件规定，在农业税计税土地上生产农业特种产品的，已纳农业税税款准予在计征农业特产税时扣除。

（二）减免税

减免税属于国家的一种税收优惠政策。许多国家为了实现调控宏观经济，调整产业结构，引导经济发展方向，几乎在所有的税种中都有相应的减免税规定。如国家为了引导某项资金流入某一地区，促进该地区的经济发展和帮助解决该地区人口就业问题，会出台相关规定，在该地区投资设立厂房享受相应的减税甚至免税等优惠。

【案例 2-3】
某高新技术企业选择落户江门

为了配合广东省内的双转移策略，鼓励企业到高新技术工业园投资兴办高新技术项目和其他生产性企业，江门市高新技术工业园区出台了以下政策：

在工业园内的高新技术企业或生产的高新技术产品，可以享受如下税收优惠：

凡经省级以上（含省级）认定的高新技术企业生产的高新技术产品，从获利年度起，免征企业所得税地方分成部分两年（进园前已经认定的，免税期连续计算）。

上述优惠期满后，减按 15% 的税率征收所得税。增值税地方分成部分三年内全部先征后返还企业。

凡列入国家和省级计划的新产品，自销售之日起，国家级新产品和省内首家生产的发明专利产品三年内，省级新产品和实用新型专利产品二年内，该产品新增的增值税地方分成部分，由财政全额返还企业。

该高新技术企业经过分析，江门地处广东省中南部，珠江三角洲的西部，毗邻港澳，东连中山、珠海，西接阳江，南临南海，北连佛山，水陆空交通便利，拥有丰富的土地、水及电力资源，加上其出台的税收优惠政策，企业选择设立在该地区，可以直接享受减税优惠。

（三）退税

除了减免税外，退税也能实现对税额的筹划。国家规定对新发生出口业务的企业和小型出口企业实行特别的出口退税政策；对安置残疾人的单位，实行由税务机关按单位实际安置残疾人的人数，实行限额即征即退增值税或减征营业税的办法，纳税人可根据国家有关规定，制定符合国家退税标准的税务筹划方案。此外，外商投资企业在购买国产设备时，如该类设备属免税目录范围，可享受全额退还国产设备增值税的优惠。

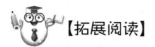
【拓展阅读】

税法优惠规定

外国投资者在中国境内直接再投资举办、扩建产品出口企业或者先进技术企业，以及外国投资者将从海南经济特区内的企业获得的利润直接再投资海南经济特区内的基础设施建设项目和农业开发企业的，可以依照国务院的有关规定，全部退还其再投资部分已缴纳的企业所得税税款。纳税人可以针对这些退税政策进行相应的税务筹划，为企业获取税收收益。

二、什么是税基筹划原理

税基筹划原理是指纳税人通过缩小税基来减少税收负担甚至免除纳税义务的原理。税基是用以计算应纳税额的课税对象的数额，是课税对象的数量化，也称为计税依据。在税率一定的条件下，税基越小，应纳税款就会越少。税基筹划的目标是实现最小化的税基。

针对税基筹划原理进行筹划，既可以通过实现税基的最小化，又可以通过对税基实现时间的安排，从而在递延纳税、适用税率和减免税等方面获得税收收益。具体方式包括争取税前扣除、减免税、压低计税价格等方式。

税前扣除这种筹划方式一般是针对企业所得税，需要企业在税前尽量减少企业的课税对象数量，努力使得各项扣除额度最大化，从而使得计税依据尽可能小，如企业扣除发生的各种经营费用，将会减少企业的课税金额，降低企业纳税金额。

具体可扣除的项目如表 2-1 所示。

企业必须对可扣除的项目有明确的了解，哪些项目按规定可扣除，哪些项目是不可以扣除的，以便合法地为企业争取更大的利益。

表 2-1　计算企业所得税时法定可扣除项目

序号	法定可扣除项目	备注
1	借款利息支出	
2	工资和薪金支出	
3	职工工会经费 2%	
4	职工福利费 14%	
5	职工教育经费 2.5%	
6	公益救助性的捐赠	在年度利润总额 12% 以内
7	业务招待费	将企业发生的与生产经营有关的业务招待费，按照发生额的 60% 扣除，且扣除总额全年最高不得超过当年销售（营业）收入的 0.5%
8	各类保险基金和统筹基金	
9	固定资产租赁费	以经营租赁方式从出租方取得固定资产，其符合独立交易原则的租金可根据受益时间，均匀扣除；纳税人以融资租赁方式取得固定资产，其租金支出不得扣除，但可按规定提取折旧费用
10	坏账损失及坏账准备金	企业坏账准备金的提取比例为年末应收账款余额的 5‰
11	财产保险和运输保险费用	
12	资产损失	
13	汇兑损益	
14	支付给总机构的管理费	
15	住房公积金	
16	广告和业务宣传费	不超过当年销售（营业）收入 15% 的部分，准予扣除时扣除；超过部分准予在以后纳税年度结转扣除
17	研究开发费用	纳税人发生的研究新产品、新工艺、新技术的研究开发费用可以据实扣除，不论可否形成无形资产，不需要资本化。盈利企业发生的研究开发费用比上一年度增长超过 10% 的，可加计扣除实际发生额的 50%
18	其他按照法律、行政法规可扣除的项目	

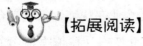【拓展阅读】

计算应纳税所得额不得扣除的项目

（1）资本性支出。

（2）无形资产受让、开发支出。

（3）违法经营的罚款和被没收财物的损失。

（4）各项税收的滞纳金、罚金和罚款。

（5）自然灾害或者意外事故损失有赔偿的部分。

（6）超过国家规定允许扣除的公益、救济性的捐赠，以及非公益、救济性的捐赠。

（7）各种赞助支出。

（8）与取得收入无关的其他各项支出。

（9）贿赂等非法支出。

（10）因违反法律、行政法规而交付的罚款、罚金、滞纳金。

（11）存货跌价准备金、短期投资跌价准备金、长期投资减值准备金、风险准备基金（包括投资风险准备基金），以及国家税收法规规定可提取的准备金之外的任何形式的准备金。

（12）税收法规有具体扣除范围和标准（比例或金额），实际发生的费用超过或高于法定范围和标准的部分。

此外，企业应该明白符合法律法规规定的项目不一定就能扣除，还必须取得符合规定的票据，企业在发生各项成本、支出的过程中，要注意取得合法和合理的票据凭证。《国家税务总局关于进一步加强普通发票管理工作的通知》（国税发〔2008〕80号）规定，在日常检查中发现纳税人使用不符合规定发票的，特别是没有填写付款方全称的发票，不允许纳税人用于税前扣除、抵扣税款、出口退税和财务报销。

【案例2-4】

某企业税前扣除的税务筹划

A公司为一家生产大型机械设备的企业，该厂家售价为100万元（含17%的增值税）的设备，其原件成本外购价格为40万元，且售价中包含了2年20万元的设备维护保养费。

如果公司不进行筹划，则应缴纳的增值税为：

$[100 \div (1 + 17\%)] \times 17\% - 40 \times 17\% = 7.730$（万元）

如果公司设备售价只为 80 万元，另外成立一家专门的维修保养公司（适用于 5% 的营业税），由维修保养公司负责设备的维护保养，另外收取 20 万元的费用，则 A 公司所需缴纳的增值税为：

$[80 \div (1 + 17\%)] \times 17\% - 40 \times 17\% = 4.824$（万元）

维修保养公司应缴营业税为：

$20 \times 5\% = 1$（万元）

合计纳税额为：

$4.824 + 1 = 5.824$（万元）

通过比较计算结果可知，该公司通过分立出一个维修保养公司可节减税款 1.906 万元。

三、什么是税率筹划原理

适用税率越低，纳税人的税负就越轻，税率筹划原理就是通过筹划，尽量使得纳税人适用低税率，减轻税收负担的原理。

税率作为税收制度的中心环节，是应征税额占课税对象数量的比例，是计算应纳税额的尺度，体现征税的深度。在其他因素不变的情况下，税率的高低直接决定纳税人税收负担的高低。由于不同税种适用不同的税率，纳税人可以利用税法上对课税对象界定的模糊性进行税务筹划；即便是同一税种，适用的税率也会因税基分布或区域不同而有所差异，纳税人可以通过调整相应的征税对象所适用的税率来进行税务筹划。需要注意的是，税率低并不一定等于税后收益最大化。因此，在对税率进行税务筹划时，重在寻求税后收益最大化的最低税负点或最佳税负点。

【案例 2-5】

某企业的税率筹划

A 市某营销领域专家张教授受邀为 B 市甲企业做培训，双方约定：甲企业付给张教授总报酬 4 万元整，食宿费用和交通费用等开支为 1 万元由教授自行承担。企业可以帮教授支付这些费用，那么张教授实际取得报酬为 3 万元；如果张教授自行负担这笔开支，企业则支付给张教授 4 万元。

劳务报酬所得税税率如表 2-2 所示。

表 2-2　劳务报酬所得税税率表

级次	每次应纳税所得额	税率（%）	速算扣除数（元）
1	不超过 20000 元部分	20	0
2	超过 20000 元至 50000 元部分	30	2000
3	超过 50000 元以上部分	40	7000

1. 张教授自行负担各项费用开支，应缴纳的个人所得税为：

$40000 \times (1-20\%) \times 30\% - 2000 = 7600$（元）

则该教授收到的税后劳务报酬为：

$40000 - 7600 = 32400$（元）

减去其费用支出，则实际的税后净收入为 22400 元。

2. 企业承担各项费用，张教授应缴纳的个人所得税为：

$30000 \times (1 - 20\%) \times 30\% - 2000 = 5200$（元）

则该教授的税收净收入为：

$30000 - 5200 = 24800$（元）

通过比较计算结果可知，由企业支付各项来回费用可为该教授节减税款 2400 元，教授实际收入增加，提升了教授的满意程度，有利于企业再次跟该教授合作。

第三节　税务筹划的基本手段

纳税天经地义，避税合理合法。

——《塔木德》

税务筹划的基本手段是企业进行税务筹划以降低税收负担所采用的方法。税务筹划的基本手段主要包括节税、避税和税负转嫁。

一、节税

在不违背法律法规的前提下，有多种税务筹划方案可供选择，纳税人以税负最低为原则，来对生产经营活动进行涉税选择，这个行为就是节税。企业通常利用税收优惠政策、通过不同的会计政策和会计方式等来实现节税。

节税是在税法允许甚至鼓励的范围内进行的税务筹划，有助于贯彻国家的宏观调控政策，优化产业结构和投资方向。而且，从长远看，节税不仅不会减少国家的税收总量，甚至会增加国家的税收总量。因为，企业进行的节税，虽然降低了一时的国家税收收入，但是从整体的发展上看，随着产业结构和投资方向的优化，可能会进一步增加收入和利润，国家在节税上的税收减少，可以从其他方面的税收增加得到弥补。

二、避税

避税是指纳税人对相关的法律法规非常熟悉，熟知税法的缺陷和漏洞，在不违背税法的前提下，对生产经营和投资活动作适当的税务筹划，达到规避或减轻税负的行为。

避税并不是对纳税人法定义务的抵制和对抗，它实质上是纳税人在履行应尽法律义务的前提下，运用税法赋予的权利，保护其自身利益的行为。但是避税行为影响了国家的财政收入，因此，国家必须采取相应的措施，对现行税法进行修改和完善，以弥补税法漏洞。此外，避税和节税的最大区别在于：节税是顺应立法精神的，而避税则不一定顺应立法精神。

根据避税是否顺应税法的立法精神，避税行为可以分为顺法避税和逆法避税两种：

（一）顺法避税

顺应法律的避税活动及其产生的后果，与税法的立法精神相一致，不仅不影响税法的法律地位，还有助于实现国家税收的宏观调控职能。

（二）逆法避税

逆法避税违背税法的立法精神，它仅是利用税法的漏洞和缺陷，安排企业的生产经营活动，虽然它不影响税法的法律地位，却减少了国家的财政收入。

【拓展阅读】

避税天堂

为了吸引国外资本流入，繁荣本国经济，某国在一定范围内，允许国外投资人来本国从事投资或经营活动，所取得的收入所得无需纳税，或者适用低税率，或对某些服务或项目实行特定优惠税率的国家或地区，被人们称为避税天堂。主要避税天堂有：

维尔京群岛：它是目前全世界所有能自由进行公司注册的避税港中，注册要求最低的一个地区，同时监管力度又最小。在维尔京群岛，如果成立一家注册资本在5万美元以下的公司，最低注册费只需300美元，加上牌照费、手续费等，总共花费980美元，此后每年只要交600美元的营业执照续费即可。

摩纳哥、列支敦士登、安道尔：目前全球避税地中只有摩纳哥、列支敦士登、安道尔三个国家被经济合作与发展组织列为不合作避税地，在情报交换方面进展缓慢。

英属泽西群岛：该群岛法律制度宽松，吸引了很多的欧洲金融机构前往。其隶属的诺曼底群岛为 225 家银行和 820 家投资基金提供了庇护。

百慕大群岛：是全球处理保险业务以及再保险业务的最佳地区之一。世界排名前 35 位的保险公司中，有 16 家位于该岛，也被公认为家族企业的最佳管理地点之一。

瑙鲁：管理宽松，兑换活动不受监管，实行银行保密制度，在当地开一家银行最低资本只需 2.5 万美元。

巴拿马：位于中美洲，拥有众多优惠法律措施，在当地能迅速注册一家公司，企业在该地区不用担心其行为会不符合国际法规。目前拥有数百家银行和数千家注册公司。

三、税负转嫁

纳税人在向有关部门缴纳完税款之后，通过各种途径将自己所承受的税收负担转移给其他人的过程，这个就是税负转嫁。在税负转嫁的条件下，纳税人和负税人可能是分离的，即最初缴纳税款的法定纳税人，并不一定是该项税收的最终负担者。

税负转嫁并非是对缴税义务的简单回避，也不是钻税法的空子，它是纳税人在缴纳税款后，再将其税负转移给他人，最终由他人负担的一种方法。也就是说，税负转嫁只是税款在纳税人之间的转移，它不会减少国家的税收总收入。但是税负转嫁适用范围较窄，一般来说，仅适用流转税，因为流转税在一般情况下都具有税负转嫁的特点，但税负转嫁成功与否，关键在于其价格定得是否适当以及产品在市场的竞争能力和供求弹性。

按照税负转嫁过程的途径不同，可以将税负转嫁分为前转和后转。

（一）前转

前转是指纳税人通过提高商品或生产要素价格的这种途径，将其所纳税款向前转移给商品或生产要素的购买者或最终消费者负担的一种税负转嫁形式。这种转嫁技术一般适用于市场紧俏的生产要素或知名品牌的商品。

（二）后转

后转是指纳税人将其所纳税款，以压低生产要素价格或降低工资、延长工时等方法，向后转移给生产要素的提供者负担的一种税负转嫁形式。这种转嫁技术一般适用于生产要素或商品积压时的买方市场。

第四节　税务筹划的基本技术

不违法、合理地使纳税人尽量少缴税款的知识和技巧。

——佚名

税务筹划的基本技术是指纳税人在遵守相关税收法律的前提下实现尽可能少缴税款的基本技巧（见图 2-2）。

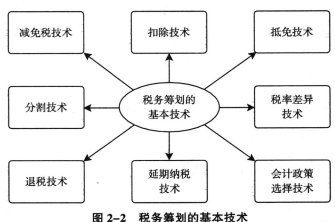

图 2-2　税务筹划的基本技术

一、减免税技术

(一) 减免税技术的含义

减免税技术是指在合法和合理的情况下，通过税务筹划使纳税人成为减免税人，或使纳税人从事减免税活动，或使征税对象成为减免税对象，从而绝对减少应纳税额的一种税务筹划技术。

减免税作为各国税收政策的一项重要组成部分，属于国家的一种税收优惠政策。一般情况下，国家根据经济发展的需要，会对国民经济中的某些特殊情况给予照顾，从而给予某些纳税人或征税对象一定的减轻或免除税收负担的税收优惠。如国家为了支持汶川灾区建设，《财政部、海关总署、国家税务总局关于支持汶川地震灾后恢复重建有关税收政策问题的通知》(财税〔2008〕104 号) 规定，自 2008 年 5 月 12 日起，受灾地区企业通过公益性社会团体、县级以上人民政府及其部门取得的抗震救灾和灾后恢复重建款项和物资，以及税收法律、法规和本通知规定的减免税金及附加收入，免征企业所得税。

 【拓展阅读】

减免税分类

减免税一般可分为照顾性减免税和政策性减免税，前者属于税收照顾，是对纳税人财务利益的补偿，通常是在非常情况和非常条件下取得的，一般只能弥补损失，所以税务筹划不能利用其达到筹划的目的。后者属于税收奖励，是纳税人财务利益的取得，只有取得政策性减免税才能达到筹划的目的。企业可以通过合理地利用减免税的规定，使纳税人成为减免税对象或使征税对象成为减免税对象，从而降低其税收负担。

（二）减免税技术的特点

1. 操作简单

减免税技术是根据有关政策的规定，直接对应纳税金额的减免和扣除。不需要繁杂的数学运算和特别高深的管理经验设计筹划方案，只需对相关政策和法律法规了解透彻，再简单的计算就可以得知减免额度，操作简便。

2. 适用范围有限

减免税技术是企业利用国家的优惠政策，获取纳税额度上的减免，但是国家的减免税政策通常是为了扶持某类行业、促进某个地区的经济发展，企业必须要到特定的地方开展生产经营活动，或满足某种特定的条件才能获得该种税收优惠，并不是所有的企业都可以有条件享受到减免税的优惠政策。如新企业所得税法规定，企业从事国家重点扶持的公共基础设施项目投资经营的所得，及从事符合条件的环境保护、节能节水项目的所得等，可免征、减征企业所得税，企业进行非国家重点扶持的项目则无法享受该优惠政策。

3. 具有一定的风险性

国家出台减免税政策针对的行业和地区一般具有投资回收期限长、风险高、收入不确定性等特点，企业投资于这些行业和地区需要承担一定的开拓性风险，面临着许多不确定性的因素，虽然在税收上能享受一定的优惠，与此同时，也经受着投资失败的考验，但是企业一旦进入正常运营轨道，就可享受税收优惠带来的经济效益。

在企业的实践中，应尽可能地延长其税收减免优惠期，为企业争取更大的经济效益。

二、扣除技术

（一）扣除技术的含义

扣除技术是指在合法和合理的情况下，通过税务筹划使扣除额增加而实现绝对节减税额，或调整扣税额在各个应税期分布而实现相对节减税额的一种税务筹划技术。在收入一定的情况下，扣除额越大，那么税基就越小，从而就可以相应减少应纳税额。

（二）扣除技术的特点

1. 操作复杂

扣除技术项目多，光是所得税的税前扣除项目就多达 16 项，每个项目里面又作出了明细的规定，还不包括其他税种的税前扣除项目，计算起来极为繁琐，要求从业人员熟练的掌握税法的有关规定，并具备丰富的从业经验，并随时了解最近的税法规定。如按照原税法规定，内资企业发生的公益性捐赠按照应纳税所得额 3%在税前扣除，外资企业的公益性捐赠则允许全额在税前扣除，而新税法则把两者扣除的比例统一了，即内、外资企业，年度内所发生的公益性捐赠，不超过年度利润总额 12%的部分都可扣除。如果企业从业人员不熟练掌握税法，及时更新税法知识的话，就会使企业遭受损失。

2. 适用范围广泛

税项扣除是税收制度的重要组成部分，许多税种对扣除项目和扣除标准做了明确的规定，扣除技术与减免税技术不同，扣除技术适用范围十分广泛，几乎所有的纳税人都可使用该项技术为企业减少纳税额度。

3. 具有相对稳定性

法律的制定过程包括法律方案的提出、审议、表决和公布四个环节，具有严肃性、连续性和稳定性等特点，国家制定的法律法规，一旦公布后，不会朝令夕改，按照税法规定的抵扣项目，在一定的时间内不会轻易变动，企业根据扣除技术所作出的税务筹划方案也就具有相对的稳定性和可行性。

扣除技术可以实现绝对节税和相对节税。通过使用扣除技术可以使得税基的绝对额减少，从而实现应纳税额的绝对减少。通过使用扣除技术合理分配各计税期的费用扣除和亏损冲抵，可以增加纳税人的现金流量，实现延期纳税的作用，获得资金的时间价值，达到相对节税的目的。企业一般可以通过实现扣除项目的最多化、扣除金额最大化和扣除最早化等方法降低其税收负担。

三、抵免技术

(一) 抵免技术的含义

抵免技术是指在合法和合理的情况下，通过税务筹划使税收抵免额增加而实现绝对节税的一种税务筹划技术。税收抵免是从应纳税额中扣除税收抵免额，是对应纳税额的扣除，对纳税人来讲，纳税额 = 应纳税额 – 抵免额。税收抵免额越大，能够冲抵应纳税额的数额也就越大，应纳税款就会越小。

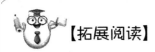 【拓展阅读】

税收抵免

税收抵免一般包括避免双重征税的税收抵免和作为税收优惠或奖励的税收抵免。为了避免对纳税人重复征税，在对纳税人国内外所得或财产征税时，对于国外已经缴纳过税的所得或财产，允许纳税人以该部分已缴纳的税款抵免应纳税款，这个是避免双重征税的税收抵免；作为税收优惠或奖励的税收抵免是指国家为了发展某些项目，对该部分项目制定了优惠税收政策，这些项目投资额抵免可以部分或者全部的应纳所得税。企业可以通过尽量争取更多的抵免项目和尽可能地使各抵免项目的抵免金额最大化等方法来降低其税收负担。

(二) 抵免技术的特点

1. 操作简单

抵免技术是绝对节的税收筹划技术，是直接减少纳税人纳税的绝对额度，计算简便，不需要复杂的数学知识。

2. 适用范围广泛

与适用范围局限的减免税技术不同，抵免技术基本上适用于纳税企业，区别在于抵扣的方式和额度不同。

3. 具有相对稳定性

与扣除技术一样，抵免技术也具有相对的稳定性。

四、分割技术

（一）分割技术的含义

分割技术是指在合法和合理的情况下，使所得在两个或更多个纳税人之间，或者在适用不同税种、不同税率和减免税政策的多个部分之间进行分割而实现绝对节税的一种税务筹划技术。

在所得税和财产税上，为了调节收入，同时也出于体现公平的目的考虑，各国一般多采用累进税率，这样就导致税基越大适用的边际税率反而越高。因此，通过将所得在多个纳税人之间进行分割，就可降低纳税人所适用的边际税率，从而达到节税的目的。我国现行税制规定，如果企业经营的业务适用于不同的税种、不同税率或减免税政策，这些业务则应该分开记账，否则全部业务以最高适用税率征税或丧失享受优惠政策的资格。因此，尽量将纳税人的应税所得分割成适用不同税种、不同税率和减免税政策的业务分别记账进行税务筹划。企业可以根据相关税法的规定，通过企业分立和分别记账等方法来降低其税收负担。

（二）分割技术的特点

1. 操作复杂

分割技术在实践过程中既受到税收条款的限制，又受到来自环境、人为等因素的影响，不可控因素较多，因此操作复杂。

2. 适用范围有限

许多企业出于纯粹少缴纳税款的目的，把企业分割为许多个小企业，许多国家把这种行为看成是避税，针对该技术制定了反避税条款。如原税法规定，我国对于年应税所得在 10 万元以上的企业所得税税率为 33%，对于年应税所得 3 万~10 万元的企业适用税率为 27%，对于年应税所得 3 万元以下的企业适用所得税税率为 18%；但新的企业所得税规定，所有的企业，不论大小、内资还是外资统一适用 25%的比例税率，原税法规定该技术只适用于自然人，自然人在使用该条件时，还有其他条款的限制，所以并非所有的自然人都可以使用，又限制了其使用范围。

【拓展阅读】

使用分割技术时的注意事项

（1）分离应尽量合理化，分出部分的税率应尽可能地降低，否则就失去了分割的意义

（2）通过分割，能使企业获得最大化的节税，获得最大的经济效益。

五、税率差异技术

（一）税率差异技术的含义

税率差异技术是指在合法和合理的情况下，利用税率的差异而实现绝对节税的一种税务筹划技术，税率差异技术主要是利用了国家经济政策的差别对待。税率是税收制度的中心环节，直接关系到纳税人税负水平的高低。在统一税基的前提下，税率低，应纳税额少，税后收益越多。

税率差异是指不同的征税对象，适用的税率也不一样，或同样的征税对象，适用税率也不一样。税率差异普遍存在，一个国家为了调整产业结构，调控宏观经济，往往会对某些行业或某些企业等的发展制定一定的鼓励或限制性措施，而税率作为一个重要手段，通过税率的差异就可以实现国家的目的。企业可以通过利用国家的这些税率差异政策，对自己的投资规模和投资方向等方面进行税务筹划，从而达到降低其税收负担的目的。如 A 地区的税率为 33%，B 地区的税率为 24%，C 地区的税率为 15%，在成本相当和资源利用便利性一致的前提下，选

择去 C 地区投资，相比 A 地区、B 地区，则能节约一定数额的税款。

（二）税率差异技术的特点

1. 操作复杂

不同国家乃至不同地区都存在税率的差异性，采用该技术则需对不同地点的税率有较清楚的了解，不同的征税对象适用的税率不一样，导致其计税基数错综复杂，这使得税率差异技术在企业实践运用的过程中变得复杂。

2. 适用范围广泛

税率差异的普遍存在性，决定了其适用范围的广泛性，任何纳税人都可以根据自身情况，挑选符合条件的适用范围。

3. 具有相对稳定性

与扣除技术和抵免技术一样，税率差异技术也具有相对的稳定性。

企业在运用该技术的过程中应注意，在其他条件和成本大致相当的前提下，尽可能地寻求税率低的地区和行业，使得税率最低化；此外，尽力使得企业能处于保持税率差异的稳定性的环境，并致力于其长期性。

六、退税技术

（一）退税技术的含义

退税技术是指纳税人在遵守法律法规的前提下，通过筹划，将已缴纳给税务机关的税再次退回到纳税人手中的一种技术。在已缴纳税款一定的情况下，所得退税额越大，节减的税款也就越多。

退税是纳税人从税务机关中取回已缴纳的税款，如取回因工作失误多征收的税款、符合政策的出口退税等。退税技术涉及的退税主要是出口退税和税务机关退还纳税人符合国家奖励条件的已纳税款。企业可以通过退税项目的多元化和退税额的最大化来实现降低税收负担的目的。

（二）退税技术的特点

1. 操作简单

国家对于退税有明确的规定，纳税人只需要按照规定的退税公式，经过简单的计算，便可清楚地得出退税金额。

2. 适用范围有限

退税政策只针对于某些特定的行业，只有符合这些条款的企业才能享受退税优惠。

3. 具有风险性

退税技术与减免税技术类似，这些政策的制定针对的一般是具有高风险的行业，所以企业运用该项技术制定的纳税筹划方案也会具有一定的风险性。

企业在运用该技术的实践中，应尽可能争取多的退税项目，使得退税额最大化。

七、延期纳税技术

（一）延期纳税技术的含义

由于资金具有时间价值，延期纳税技术是指在合法和合理的情况下，使纳税人延期缴纳税收而实现相对节税的一种税务筹划技术。

延期纳税是指纳税人按照国家有关延期纳税规定延缓一定时期后再缴纳税收。虽然延期纳税不能直接减少应纳税额，但考虑到资金的时间价值，延期纳税可以使纳税人无偿占有这笔税款而不需要支付利息，从而使得本期有更多的资金用于投资和再投资，将来可以获得更大的投资收益，或者可以减少企业的筹资成本，从而相对地降低了税收负担。企业可以通过运用税法关于纳税义务发生时间的规定，实现延期项目最大化和延长期限最大化，达到相对节税的目的。

（二）延期纳税技术的特点

1. 操作复杂

使用该技术除了具备基本的数学、统计等知识外，还必须熟练掌握财务制度和财务管理的相关知识，计算复杂。

2. 适用范围广泛

几乎适用于所有的纳税人。

3. 具有一定的确定性

延期技术主要是利用财务原理，所以它具有一定的稳定性。

企业应尽可能最多的延期纳税项目，延期的项目越多，则本期缴纳的税款越少，为企业争取了更多的现金流；并努力使得延期的期限最长化，便于企业最大限度地利用资金的时间价值。

八、会计政策选择技术

（一）会计政策选择技术的含义

会计政策选择技术是指遵守法律法规的前提下，纳税人通过选择适合的会计政策达到少缴纳税款或延迟缴纳税款的税务筹划技术。

会计政策是指企业在会计核算或编制会计报表时所采用的会计原则以及会计处理方法。会计政策有宏观会计政策和微观（企业）会计政策之分。[①] 企业在生产、经营和投资等经济活动中，由于某些经济业务存在多种的会计处理方法，如存货的计价方法、固定资产折旧方法和营业收入的确认时间等，而不同的会计政策必然会形成不同的财务成果，也必然会导致不同的税收负担。因此，企业可以从这些会计处理方法中，选择适合自身的方法，实现降低税收负担和延迟缴纳税款的目的。

（二）会计政策选择技术的特点

1. 操作复杂

会计政策包括宏观会计政策和微观会计政策，涉及会计准则及公司财务制度和规定，条目众多，不同会计政策的选择会使得企业产生完全不同的会计信息，得到的结果截然不同，该过程错综复杂，需要娴熟地掌握会计制度及会计准则。

---

① 黄菊波，杨小丹. 试论会计政策 [J]. 会计研究，1995（1）.

2. 适用范围广泛

无论是哪个行业、公司，只要具备相关方面的专业人才，都可以运用该项政策为企业争取更大的经济利益，几乎适用于所有的纳税企业。

本章小结

税务筹划的基本思路包括通过税务筹划使纳税人在某一个时期内纳税总额的绝对减少，从而取得绝对收益的一种税务筹划思路；通过税务筹划使某些纳税期的纳税额递延到以后的纳税期实现，从而取得了递延纳税额的时间价值，增加了相对收益的相对税务筹划思路。

税务筹划的基本原理包括税额筹划原理、税基筹划原理和税率筹划原理。税务筹划的基本手段主要包括节税、避税和税负转嫁。税务的基本技术包括减免税技术、扣除技术、抵免技术、分割技术、税率差异技术、退税技术、延期纳税技术和会计政策选择技术八种。企业应该根据本身实际情况和外界具体环境，选择最有益于企业的一种技术，或者多种技术综合运用，达到减轻税务负担的目的。

第三章 增值税的税务筹划

巧妙筹划，三全其美

甲公司是一家专业生产机电设备的企业，具有增值税一般纳税人资格。2010年，该公司找到上海一家企业（以下简称乙公司），乙公司生产甲公司需要的不锈钢管件。甲公司与乙公司商定，由乙公司供应甲公司所需要的不锈钢管件，第一批的购买数量为500万吨，双方达成合作意向，并签订了合同。

签完合同，甲公司才发现问题：乙公司为小规模纳税人，无法提供增值税发票，这意味着甲公司无法抵扣进项税额，这样甲公司的税务成本就大幅度上升了。甲公司有毁约的意愿，但是，甲公司经过多方面的搜寻，并没有在市面上找到具有一般纳税人资格的企业生产其所需要的不锈钢管件。甲公司为难了，必须要在乙公司购买产品，但是乙公司又无法提供增值税发票，应该怎么办呢？

方案一： 乙公司有一家供应商——四川某钢材有限公司（以下简称丙公司）具有增值税一般纳税人资格，因此，乙公司和甲公司商定，由丙公司负责提供增值税发票。具体的操作流程如下：

甲乙公司签订采购合同，甲公司付款后，乙公司发货，但是发票由丙方开具。

甲公司购买的是不锈钢管件，丙公司所能够提供的发票是不锈钢材料，这样的话，发票开具的产品名称与实际产品名称不符，甲公司将要承担恶意取得虚开增值税的恶名，丙公司则是虚开增值税发票。双方都违反了有关规定，将会受到税务机关的严厉惩罚。

方案二：甲公司因为生产经营需要购进不锈钢管件，而乙公司的实际情况是，其生产 500 万吨的不锈钢管件需要从丙公司购进 350 万吨的钢材。这样的话，可以由甲公司与乙公司签订 350 万吨的购销合同，再与乙公司签订 150 万吨的加工合同，将从丙公司处购买的钢材交付给乙公司，乙公司加工成甲公司所需要的不锈钢管件。如此一来，甲公司能购买到其所需要的商品，又能从丙公司取得增值税发票，抵扣 17% 的进项税额；还能从乙公司取得由税务机关代开的 3% 的增值税专用发票，抵扣 3% 的进项税额。乙公司和丙公司也不会违反有关的税务规定了，可谓"三全其美"。

资料来源：杨志清. 税收筹划案例分析［M］.北京：中国人民大学出版社，2010.

【案例启示】 只要涉及商品销售，就会存在缴纳增值税的问题。甲、乙、丙三家公司，经过巧妙筹划，在没有违反任何税法规定的情形下完成了各自所需的交易，甲公司又获得了增值税发票，减轻了其税务负担。

在增值税领域，除了本案所示这种筹划方式外，还有其他各种筹划方式都可以帮助企业在顺利完成交易的同时，减轻企业税务负担。

本章您将了解到：

● 增值税纳税人的分类

● 增值税计税方式的税务筹划

● 贸易方式、出口方式不同的增值税税务筹划

第一节　增值税纳税人的税务筹划

该缴的十足缴齐，不该缴的分文不缴。

——佚名

什么是增值税？简单地说，增值税是一种流转税，它是对货物或应税劳务在流转的过程中实现的增值额所征收的税款。[①]

哪些企业需要缴纳增值税？作为一个企业，只要存在商品销售、加工、修理修配等业务，就必须缴纳增值税，这个企业无法选择。但是，企业可以选择，是成为一般纳税人还是小规模纳税人。企业应该如何选择呢？哪种选择对企业更有利？

一、什么是增值税纳税人

根据增值税暂行条例的规定，增值税是对在我国境内从事销售货物或提供加工、修理修配劳务，以及从事进口货物的单位和个人取得的增值额为对象征收的一种税。

（一）一般纳税人与小规模纳税人含义

增值税纳税人是指在我国境内销售货物或提供加工、修理修配劳务以及进口货物的单位和个人。增值税的纳税人根据年应税销售额大小和会计核算健全与否可分为一般纳税人和小规模纳税人。

1. 一般纳税人

一般纳税人是指年应税销售额超过财务部、国家税务总局规定的标准，并且向主管税务机关提出申请认定，经过其批准，方可成为一般纳税人；年应税销售额未超过财政部、国家税务总局规定的小规模纳税人标准以及新开业的纳税人，具有固定的生产经营场所和能够按照国家统一的会计制度规定设置账簿，根据合法、有效凭证核算，能够提供准确税务资料，可以向主管税务机关申请成为增值税一般纳税人。

---

① 李成. 税务筹划 ［M］. 北京：清华大学出版社，2010.

【拓展阅读】

自 2009 年 1 月 1 日起，增值税一般纳税人的标准降低

（1）工业企业（指从事货物生产的有关企业）或提供应税劳务的纳税人，年应税销售额在 50 万元以上（含 50 万元）。

（2）商业企业（指从事货物批发或零售的有关企业）年应税销售额在 80 万元以上（含 80 万元）。

（3）以生产货物或提供应税劳务为主（纳税人的年货物生产或者提供应税劳务的销售额占年应税销售额的比重在 50% 以上），并兼营货物批发或零售的纳税人，年应税销售额超过 50 万元的，且财务核算制度健全、规范（有会计、有账册等），能够准确核算销项税额、进项税额以及应纳税额的，可以认定为增值税一般纳税人。

（4）从事货物生产的纳税人，年应税销售额在 30 万元以上的，会计核算制度健全，能按照有关标准和规定准确地提供纳税资料的。

2. 小规模纳税人

小规模纳税人是指年应税销售额未达到有关规定的标准，无法按照国家会计制度规定进行准确的会计核算，不能按照标准和规定准确地提供纳税资料的纳税人。

具体包括：

（1）年应税销售额未达到一般纳税人标准，而且会计核算不健全的纳税人。

（2）年应税销售额虽超过了小规模纳税人的标准，但是会计核算不健全的纳税人。

（3）此外，个人、非企业性单位以及不经常发生增值税应税行为的企业也被认定为增值税小规模纳税人。

小规模纳税人不得抵扣进项税额。

（二）一般纳税人与小规模纳税人比较

（1）一般纳税人可以按照规定税率开具专用的发票，能给顾客较好印象，提升公司软实力；小规模纳税人则无法使用专用发票，只能在有需求时向主管税务机关申请，经过批准，方可由主管税务机关代为开票。

（2）一般纳税人享受增值税的销项税抵扣进项税的权利，如购进商品或接受应税劳务其税款能够抵扣，降低公司的生产经营成本；小规模纳税人则无法享受税款抵扣权。

（3）要成为一般纳税人必须具有健全的会计核算制度，能够按照有关规定和标准提供增值税纳税资料，这对企业的要求提高，只有管理制度健全、财务制度规范的企业才能按照要求办理，从这个角度而言，极大地降低了企业税务筹划的风险性。

（4）一般纳税人的应纳税额＝销项税额－进项税额，而小规模纳税人的税额计算方式简便，在一定的无差别平衡点的基础上，一般纳税人比小规模纳税人享有更低的增值税税率；但是这并非意味着小规模纳税人的税负就一定比一般纳税人重。在企业从销项税额中抵扣的进项税额较少时，增值额又比较大，此时一般纳税人的负担可能会超过小规模纳税人。

（三）一般纳税人税率和小规模纳税人征收率

表 3-1 一般纳税人税率和小规模纳税人征收率

纳税人	税 率	
一般纳税人	基本税率	·根据增值税暂行条例，销售或者进口货物，提供加工、修理修配劳务等应税劳务，除了税法规定按照低税率征收外，一律按照17%的基本税率征收
	低税率： 少数几类货物适用于13%的低税率	·粮食（包括米类、麦类、豆类和经过简单加工的粮食复制品）、食用植物油 ·自来水、暖气、冷气、热水、煤气、石油液化气、天然气、沼气、居民用煤炭制品 ·图书、报纸、杂志 ·饲料、化肥、农药、农机、农膜 ·音像制品、电子出版物 ·国务院规定的其他货物
小规模纳税人	·小规模纳税人销售自己使用过的固定资产，减2%征收率征收增值税；小规模纳税人销售除自己使用过的除了固定资产以外的商品，按照3%的征收率征收增值税，并且不允许抵扣进项税额 ·小规模纳税人的应纳税额计算公式为： 　应纳税额=应税销售额×征收率（通常为3%）	

二、增值税纳税人的税务筹划

（一）两类纳税人身份的选择

由于两类纳税人身份在税收负担上存在很大的不同，但是究竟应该选择哪种纳税人身份呢？一般来说，可以通过计算"无差别平衡点的增值率"选择增值税纳税人的身份。

无差别平衡点增值率是通过增值税一般纳税人应纳税款等于增值税小规模纳税人的应纳税款计算出来的。根据无差别平衡点增值率，当实际增值率低于该点时，增值税一般纳税人的税负低于小规模纳税人；当实际增值率高于该点时，增值税一般纳税人的税负高于小规模纳税人。

对于无差别平衡点增值率的计算，可分为含税无差别平衡点增值率和不含税无差别平衡点增值率的计算。

1. 含税无差别平衡点增值率的计算

假设 S 为含税销售额，P 为含税购进额，T_1 为一般纳税人的增值税税率，T_2 为小规模纳税人的增值税征收率。

则含税增值率 $R = \dfrac{S - P}{S} \times 100\%$

由上述条件可得：

一般纳税人应纳增值税 $= \dfrac{(S - P)}{1 + T_1} \times T_1$

小规模纳税人应纳增值税 $= \dfrac{S}{1 + T_2} \times T_2$

当一般纳税人与小规模纳税人应纳增值税相等时，

$$\dfrac{(S - P)}{1 + T_1} \times T_1 = \dfrac{S}{1 + T_2} \times T_2$$

可以得到含税增值率 $R = \dfrac{S - P}{S} = \dfrac{T_2}{T_1} \times \dfrac{1 + T_1}{1 + T_2}$

把增值税一般纳税人的适用基本税率（17%和13%）与增值税小规模纳税人

适用征收率（3%）代入上述公式，就可以得到增值税一般纳税人与增值税小规模纳税人含税无差别平衡点的增值率（见表3-2）。

表3-2 含税无差别平衡点增值率

单位：%

一般纳税人税率	小规模纳税人征收率	无差别平衡点增值率
17	3	20.05
13	3	25.32

这说明，当纳税人实际增值率等于无差别平衡点的增值率时，选择一般纳税人与小规模纳税人的税负相同，选择哪种纳税人身份都一样；当纳税人实际增值率低于无差别平衡点的增值率时，小规模纳税人的税负重于一般纳税人，适宜选择作为一般纳税人；当纳税人实际增值率高于无差别平衡点的增值率时，一般纳税人的税负高于小规模纳税人，适宜选择作为小规模纳税人。

2. 不含税无差别平衡点增值率的计算

假设 S 为不含税销售额，P 为不含税购进额，T_1 为一般纳税人的增值税税率，T_2 为小规模纳税人的增值税征收率。

则含税增值率 $R = \dfrac{S - P}{S} \times 100\%$

由上述条件可得：

一般纳税人应纳增值税 $= (S - P) \times T_1$

小规模纳税人应纳增值税 $= S \times T_2$

当一般纳税人与小规模纳税人应纳增值税相等时，

$(S - P) \times T_1 = S \times T_2$

可以得到含税增值率 $R = \dfrac{S - P}{S} = \dfrac{T_2}{T_1}$

将增值税一般纳税人的适用基本税率（17%和13%）与增值税小规模纳税人适用征收率（3%）代入上述公式，就可以得到一般纳税人与小规模纳税人不含税无差别平衡点的增值率（见表3-3）。

表 3-3   不含税无差别平衡点增值率

单位：%

一般纳税人税率	小规模纳税人征收率	无差别平衡点抵扣率
17	3	17.65
13	3	23.08

这说明，当纳税人实际增值率等于无差别平衡点的增值率时，选择一般纳税人与小规模纳税人的税负相同，选择哪种纳税人身份都一样；当纳税人实际增值率低于无差别平衡点的增值率时，小规模纳税人的税负重于一般纳税人，适宜选择作为一般纳税人；当纳税人实际增值率高于无差别平衡点的增值率时，一般纳税人的税负高于小规模纳税人，适宜选择作为小规模纳税人。

（二）筹划方式

1. 转换方式

在企业确定应该选择一般纳税人和小规模纳税人的身份后，就可以通过一般纳税人和小规模纳税人身份的转换来进行税务筹划。

根据增值税暂行条例关于一般纳税人和小规模纳税人的规定，企业在进行两类纳税人身份的转换时，对于小规模纳税人来说，可以通过健全会计制度，向主管税务机关申请，成为一般纳税人；也可以通过企业联合的方式使销售额符合一般纳税人标准进而转变成一般纳税人；对于一般纳税人则可以通过企业分立的方式，缩小各自的销售额，使其具备小规模纳税人的条件而转变为小规模纳税人。

2. 转换成本

一般纳税人和小规模纳税人的税负各有优势，企业也可通过纳税身份的选择成为一般纳税人和小规模纳税人，但是企业在两种身份选择的时候，除了考虑税负减少带来的收益，也要综合考虑由此所增加的成本，而这种成本可能不会立刻以某种费用的方式支出，但隐含在企业长期的经营成本之中。

（1）法律成本。虽然小规模纳税人在达到一定应税销售额时，又符合法律规定的条件，可以申请认定为一般纳税人；但是，根据有关规定，纳税人一旦被认定为一般纳税人后，就不可以再通过申请转化为小规模纳税人。如企业被主管机

62

关发现违规操作时，会对此进行处罚。企业在选择成为哪种纳税人身份时，必须考虑这些法律规定和限制。

（2）经济成本。小规模纳税人要转化为一般纳税人，必须有健全的会计核算制度，能够准确提供纳税所需的账册、交易记录，这就需要专业的会计从业人员从事该项工作，管理成本随之增加；一般纳税人转化为小规模纳税人后，缺乏准确的会计核算制度，企业规模变小，会对企业信誉产生一定的影响，由此影响企业的销售额，进而损害企业的经营利润。

所以，企业在对不同纳税人身份进行选择时，必须要综合考量，衡量收益支出比，选择对企业最有利的身份。

【案例 3-1】

小规模纳税人转变为一般纳税人

A 企业为商品零售企业，其应税销售额为 50 万元，其中，一年购进了 45 万元的货物，这些货物均为不含税金额，取得增值税专用发票；B 企业同为商品零售企业，其年销售额为 40 万元，一年购进了 37 万元的货物，这些货物均为不含税金额，取得增值税专用发票。

由于 A、B 两企业均为商品零售企业，商品零售企业如选择成为一般纳税人，其应税销售额要达到 80 万元，按照有关规定，A、B 两企业为小规模纳税人，小规模纳税人的应纳增值税计算公式为：应纳税款 = 应税销售额 × 征收率，A、B 两企业销售的为普通商品，适用于 3% 的征收率，A 企业应纳增值税为：$50 × 3\% = 1.5$（万元）；B 企业应纳增值税为：$40 × 3\% = 1.2$（万元）。A、B 两企业应纳增值税总额为 2.7 万元。

分别计算出 A、B 两企业的不含税无差别平衡点增值率，A 企业为：$(50-45) ÷ 40 = 12.5\%$，B 企业为 $(40 - 37) ÷ 40 = 7.5\%$。根据上文所述，当纳税人实际增值率低于无差别平衡点的增值率时，小规模纳税人的税负重于一般纳税人，所以 A、B 两企业应选择成为一般纳税人。

如果 A、B 两企业符合一般纳税人的条件，适用于 17% 的税率，其应纳增值税额为：$90 \times 17\% - 82 \times 17\% = 1.36$（万元），如 A、B 能成为一般纳税人，则可节约税款 1.34 万元。

此时，可以由 A 企业先成立一个有限责任公司，然后再以吸收 B 企业入股的方式，按照有限责任公司的章程，约定互相的责任与义务，统一管理，费用按照协议分摊，则可成为一般纳税人，节约税款。

三、增值税纳税人与营业税纳税人的税务筹划

在企业现实经营过程中，企业通常不会只经营某一种业务，可能同时从事多种经济行为，这些经济业务适用于不同的税收政策；在商品的销售过程中，既销售商品，也涉及了非增值应税劳务，如销售空调的同时，要提供空调的安装服务，这样就出现了"兼营"、"混合销售"两种情况，按照国家法律规定，销售货物、提供加工、修理修配劳务需要缴纳增值税，而提供除了加工、修理、修配之外的应税劳务需要缴纳营业税。此时，企业就需要衡量是缴纳增值税还是缴纳营业税对企业的经济效益更为有利。[①]

（一）混合销售的计税原则

根据税法规定，一项销售行为既涉及增值税应税货物，又涉及非应税劳务，销售货物与提供劳务之间存在因果关系，即销售商品和提供劳务必须有内在联系，不可区分，即可视为混合销售行为。其特点为：买方将货款支付给同一个销售商（包括销售商品和提供劳务），发票也是由同一销售方开具，意味着提供商品销售和应税劳务的为同一个单位。

---

① 计金标. 税务筹划 [M]. 北京：中国人民大学出版社，2010.

【拓展阅读】

对于混合销售行为的处理

根据《中华人民共和国增值税暂行条例实施细则》第5条：从事货物的生产、批发或者零售的企业、企业性单位和个体工商户（包括以从事货物的生产、批发或者零售为主，并兼营非增值税应税劳务的单位和个体工商户在内）的混合销售行为，视为销售货物，应当缴纳增值税；其他单位和个人的混合销售行为，视为销售非增值税应税劳务，不缴纳增值税。

根据《中华人民共和国增值税暂行条例实施细则》第6条：纳税人的下列混合销售行为，应当分别核算货物的销售额和非增值税应税劳务的营业额，并根据其销售货物的销售额计算缴纳增值税，非增值税应税劳务的营业额不缴纳增值税；未分别核算的，由主管税务机关核定其货物的销售额：一是销售自产货物并同时提供建筑业劳务的行为；二是财政部、国家税务总局规定的其他情形。

有混合经营的企业，必须对自己的单位性质作出清楚判断，从事货物的生产、批发或零售为主的企业、企业性单位和个体工商户才需要缴纳增值税，否则只需缴纳营业税即可。

判断一个企业是否混合销售，主要看是以增值税的范围为主还是以营业税的范围为主。税法中所指"从事货物的生产、批发或者零售为主，并兼营非增值税应税劳务的单位和个体工商户"是指，在单位经营的年货物销售额与年应税劳务营业额合计总额中，年销售货物额超过了合计总额的50%，而非应税劳务营业额则不足50%，这意味着混合销售的纳税原则是就一主要经营业务的税种征收。在混合销售中，如果年销售货物总额居多，超过了50%，则销售货物和非应税劳务都缴纳增值税；如果非应税劳务总额占大部分，超过了50%，销售货物和非应税劳务都需缴纳营业税。

（二）兼营非应税劳务的计税原则

纳税人扩大自己的销售额，更好地为顾客提供服务，增加业务收入和经济利益，既销售货物、提供非增值应税劳务，同时又从事营业税征收范围的应税劳务，这种行为就称为兼营。

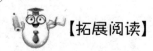【拓展阅读】

对于兼营的纳税规定

（1）纳税人兼营增值税与营业税应税项目，要划清收入，按增值税应税收入和营业税的应税收入对应税率分别计算纳税，如划分不清，一律从高从重计税。

（2）纳税人兼营增值税应税项目与非应税项目，要划清收入，按各收入对应的税种、税率计算纳税。对划分不清的，由主管税务机关核定货物或者应税劳务的销售额。

（3）纳税人兼营免税、减税项目，应当分别核算免税、减税项目的销售额；未分别核算销售额的，不得免税、减税。

营业税的税目按照行业和类别的不同分别设置，现行营业税共设置了9个税目，按照行业、类别的不同分别采用了不同的比例税率。税率分为3%和5%。其中，交通运输业、建筑业、邮电通信业、文化体育业执行3%的税率；金融保险业、服务业、转让无形资产和销售不动产执行5%的税率。

（三）两类纳税人身份选择

增值税一般纳税人以增值的额度为基础乘以税率，计算应纳税额；营业税是以整个营业额度乘以税率，计算应纳税额。当增值额度较小时，适合选择做增值税纳税人；当增值额度较大，可抵扣的进项税额小，则选择做营业税纳税人比较合算；当企业既有兼营又存在混合销售的经济行为时，就要比较采用哪种纳税人身份能为企业节约税款，取得更好的经济效益。可通过计算增值率，比较哪种纳税人身份对企业更为有利。

假设 S 为含税销售额，P 为含税购进额，R 为含税增值额增值率，T_1 为一般纳税人的增值税税率，T_2 为营业税税率。

则含税增值率 $R = \dfrac{S-P}{S} \times 100\%$

由上述条件可得：

一般纳税人应纳增值额 $= \dfrac{S}{1+T_1} \times T_1 \times R$

营业税纳税人应纳营业税 $= S \times T_2$

当一般纳税人应纳增值额与营业税纳税人应纳营业税相等时：

$$\dfrac{S}{1+T_1} \times T_1 \times R = S \times T_2$$

把增值税一般纳税人的适用基本税率（17%和13%）与营业税税率（3%和5%）代入上述公式，就可以得到增值税一般纳税人与营业税纳税人无差别平衡点的含税增值率 R（见表3-4）。

表3-4 无差别平衡点增值率

单位：%

一般纳税人税率	营业税税率	无差别平衡点增值率
17	3	20.65
13	3	26.08
17	5	34.41
13	5	43.46

这说明，当一般纳税人实际增值率等于无差别平衡点的增值率时，选择一般纳税人与营业税纳税人的税负相同，选择哪种纳税人身份都一样。当纳税人实际增值率低于无差别平衡点的增值率时，以增值税纳税人的身份交税税负轻于以营业税纳税人的身份交税，适宜选择作为增值税一般纳税人；当纳税人实际增值率高于无差别平衡点的增值率时，选择缴纳营业税税负较轻，适宜选择以营业税纳税人身份纳税。

（四）混合销售的税务筹划

混合销售的纳税原则是就一主要经营业务的税种征收，如果年非应税劳务额超过总销售额的 50%，则选择缴纳营业税；如果年销售货物总额超过年销售总额的 50%，则必须缴纳增值税。缴纳哪种税款对企业更为有利的关键在于无差别平衡点增值率。企业可通过变更主营业务，通过设立独立公司、改变混合销售的性质、变混合销售为兼营等方式，选择税负较轻的税种。

【案例 3-2】

混合销售的税务筹划（1）

A 公司是一家销售锅炉的企业，有一般纳税人身份，该公司下设有不同的甲、乙、丙三个子公司。其在销售锅炉的同时，负责提供安装服务，具有混合销售行为。每年的产品销售收入为 1500 万元，安装设计收入为 350 万元，购买原材料为 705 万元，可抵扣的进项税款为 120 万元。

该公司属于生产性企业，销售货物收入超过了总销售额的 50%，按照税法规定，需要按照 17% 增值税缴纳增值税款，如 A 公司不进行筹划，则需要缴纳的税款为：$(1500 + 350) \times 17\% - 120 = 194.5$（万元）

增值税负率为：$194.5 \div 1850 \times 100\% = 10.51\%$

公司的实际增值率为：$(1500 - 705) \div 1500 = 53\%$

锅炉的安装设计服务适用于 5% 的服务税率，可见明显高于 34.41% 无差别平衡点的增值率，增值税负担较高，极大地影响了企业的经济效益。

此时，A 公司可进行筹划，将安装、调试人员归入甲子公司，把混合销售行为分离，交由甲子公司分别核算税款。

此时，A 公司应缴纳税款为：$1500 \times 17\% - 120 = 135$（万元）

甲子公司应缴纳税款为：$350 \times 5\% = 17.5$（万元）

总税负负担为：$(135 + 17.5) \div 1850 = 8.2\%$

比筹划前的税负负担低了 2.31%。

【案例3-3】

混合销售的税务筹划（2）

A公司是一家生产金属钢架和铝合金门窗的厂家，同时又具有建设行政部门批准的建筑施工（安装）资质，是增值税一般纳税人。A公司现与B公司签订安装合同，双方约定由A公司提供生产的金属钢架以及铝合金门窗，且负责B公司贸易大楼的安装，金属钢架及铝合金门窗价值为300万元，安装费用为60万元，合同金额为360万元，假定这批金属钢架和铝合金门窗A公司需承担的进项税额为30万元（不考虑城建和教育附加费的缴纳）。

方案一： 如果双方在签订合同时，将金属钢架及铝合金门窗的价款及安装费用合二为一，总价值为360万元，该项行为则被认定为混合销售行为，A公司应缴纳的税款如下：

应缴纳的增值税为：$360 \div (1 + 17\%) \times 17\% - 30 = 22.3$（万元）

方案二： 双方在签订合同时，将金属钢架及铝合金门窗的价款与安装费用分列开来，单独注明，这样的话，A公司应缴纳的税款如下：

应纳增值税为：$300 \div (1 + 17\%) \times 17\% - 30 = 13.6$（万元）

应缴纳的营业税为：$60 \times 3\% = 1.8$（万元）

合计纳税总额为：15.4（万元）

选择方案二为企业节税6.9万元。

资料来源：李亚培. 新税法条例下混合销售行为税务筹划[J]. 财会通讯，2011（5）.

（五）兼营的税务筹划

企业有兼营业务时，如果分开核算有利于企业降低税负，则应选择分开核算；如果合并纳税更能为企业节约税负，则选择合并核算。一般情况下，分开核算有利于企业节税。

【案例 3-4】

兼营的税务筹划

某商场 7 月的商品含税零售额为 1200 万元,此外,商场还经营饮食业务,7 月份营业额为 150 万元。商场该月的不含税商品采购额为 1000 万元,无增值税发票的食品材料采购额为 60 万元(增值税税率为 17%,营业税税率为 5%)。

未分别核算:

应纳增值税 = $(1200 + 150) \div (1 + 17\%) \times 17\% - 1000 \times 17\% = 26.15$(万元)

分别核算:

应纳增值税 = $1200 \div (1 + 17\%) \times 17\% - 1000 \times 17\% = 4.36$(万元)

应纳营业税 = $150 \times 5\% = 7.5$(万元)

分别核算比未分别核算节约的税款:

$26.15 - (4.36 + 7.5) = 14.29$(万元)

分别核算可以为该商厦在流转税上节约 14.29 万元。

第二节　增值税计税依据的税务筹划

销售额越小,所缴纳增值税额越少。

——佚名

一、增值税的计税依据

要对增值税计税依据进行筹划,先要对应纳增值税额的基本计算方式有所了解。

（一）增值税一般纳税人的应纳增值税计算

一般纳税人的应纳增值税额 = 销项税额 − 进项税额

由此公式可看出，增值税计税依据的总体筹划思路是：如果想缴纳的增值税额尽可能的低，应该使得销项税额尽可能的小，而进项税额尽可能的大。

1. 销项税额

（1）计算方式。销项税额是销售方根据销售货物金额或提供的劳务，按照税法规定的税率向购买方收取的增值税额，其计算公式为：

销项税额 = 销售额 × 税率

因为增值税是价外税，由购买方支付，所以公式中的销售额并不包括收取的销项税额，含税销售额可根据以下公式换算成不含税的销售额：

不含税销售额 = 含税销售额 ÷（1 + 适用税率）

（2）筹划思路。销售额是销售方向买方收取的包括货款或劳务费和价外费用的总和。由公式可看出，销项税额取决于销售额的高低和税率的大小，在销售额一定的前提下，税率越低，销项税额越小；在税率一定的前提下，货款或劳务费和价外费越低，销项税额越小。具体思路包括：

1）选择恰当的销售方式。不同的销售方式取得的销售额度是不一样的，也有不同的计算增值税的规定。如采用折扣销售方式，如果商场开具的发票中，既标明了销售额，也写清楚了折扣额，计税金额则为销售额扣除折扣额后的金额；但如果发票中不能清楚体现出销售额和折扣金额，则计税金额中不可以扣除折扣额。

2）将销售收入实现的时间延后，取得资金的时间价值。

3）尽量降低甚至消除价外费用。

4）使用混合或兼营方式经营，分开核算。

2. 进项税额

（1）进项税额，是指当期购买货物或应税劳务应当缴纳的增值税额，进项税可以抵扣，可抵扣的进项税越高，则缴纳的增值税越少。进项税一般会在增值税专用发票中注明，而不是通过计算公式得出。

【拓展阅读】

进项税不在增值税专用发票中注明的情形

（1）购买农产品。可按照购买价的13%计算进项税额，计算公式为：

进项税额 = 买价 × 扣除率

（2）一般纳税人由于购买或销售货物而支付运输费用。可按照结算单据金额的7%计算进项税额，但是随运费一同结算的装运费、保险费等其他杂费不得予以扣除。计算公式为：

进项税额 = 运输金额 × 扣除率

（2）筹划思路。

1）合理选择购货对象。如果一般纳税人和小规模纳税人的销售价格一致，则选择从一般纳税人处购买，可抵扣的税额大，避免"低价购入，高税支出的情形"。

2）掌控进项税额的抵扣时间，获取资金时间价值。

（二）小规模纳税人的应纳增值税计算

小规模纳税人计算应纳增值税额时，有以下固定的公式：

小规模应纳增值税额 = 销售额 × 征收率

小规模纳税人销售额中自己使用过的固定资产，减按2%征收率征收增值税；小规模纳税人销售额中除自己使用过的固定资产以外的商品，按照3%的征收率征收增值税。

这里的销售额也是指不含税的销售额，如含税销售额，则可按以下公式换算成不含税销售额：

不含税销售额 = 含税销售额 ÷ （1 + 征收率）

二、销售方式的税务筹划

为了适应市场竞争的需要，企业可采用多种不同的产品销售方式，而不同的销售方式往往具有不同的计税方法，因此，企业可以选择对自己有利的销售方式来进行税务筹划。

（一）促销方式的税务筹划

一般情况下，商业企业的促销方式有：采取以旧换新方式销售、打折销售；购买商品按比例返还销售、购买商品赠送礼品销售等内容，企业应根据税法规定，选择有利于企业降低税收负担的方式进行税务筹划。

【案例3-5】

促销方式的税务筹划

A商场是一家大型的百货商店，为增值税一般纳税人，购物可取得增值税发票，增值税率17%，企业所得税25%。春节长假时，商场准备采用促销方式让利，让利方式为购物满100元让利30元，有三种促销方式：方案一为商品直接7折销售；方案二为购物满100元赠送30元的商品；方案三为购物满100元赠送非兑现礼金券30元券，所有的购销活动都是以现金支付的，100元（含增值税）商品销售价格的商品的成本为55元（含增值税），计算时只考虑增值税，不再考虑其他纳税影响，请问哪种方式对企业最为有利呢？

方案一：打折销售，应缴纳增值税为：

$$[70 \div (1 + 17\%) - 55 \div (1 + 17\%)] \times 17\% = 2.18 \text{（元）}$$

方案二：买赠销售，应缴纳的增值税为：

销售100元商品应交增值税：

$$[100 \div (1 + 17\%) - 55 \div (1 + 17\%)] \times 17\% = 6.54 \text{（元）}$$

赠送30元商品视同销售，应缴增值税为：

$$30 \div (1 + 17\%) \times 17\% - 30 \times 55\% \div (1 + 17\%) \times 17\% = 1.96 \text{（元）}$$

应纳增值税合计 = 6.54 + 1.96 = 8.5 （元）

方案三：购物赠券，应缴纳的增值税为：

$100 \div (1 + 17\%) \times 17\% - 55 \div (1 + 17\%) \times 17\% = 6.54$ （元）

上述三种方案中，方案一最优，企业上缴的增值税额最少。但企业在选择方案时，除了考虑增值税的税负外，还应当考虑其他各税的负担情况，如赠予实物或现金，商家还需替顾客代缴个人所得税，获得的利润也要上缴所得税等。只有进行综合全面的筹划，才能使企业降低税收成本，获得最大的经济利益。

（二）代销方式的税务筹划

代销存在两种不同的方式：一是收取代理手续费方式，即受托方以代理销售商品的全价与委托方结算，另外收取一定金额的手续费；二是视同买断方式，即委托方以较低的价格将货物交由受托方代销，受托方加价后向市场销售，此时，委托方仍然拥有货物的所有权，所以形式上还是属于代销。

采用不同的代销方式应缴税款也不相同，涉及的税种、税负都不一样。总体看，这两种代销方式缴纳的增值税相同，但视同买断方式的无需缴纳营业税，而收取手续费方式还应就手续费收入缴纳 5% 的营业税。因此，视同买断方式的税负要轻于收取手续费的税负。并且，受托方还可以根据供求变化调整价格，有利于提高市场占有率和销量，最终双方受益。

【案例 3-6】

代销方式的税务筹划

A 公司为增值税一般纳税人，销售某种产品。有一家 B 公司，同样为增值税一般纳税人，与 A 公司签订协议，由 B 公司负责代销 A 公司的产品。有以下两种方案可供选择：

一是以收取代理手续费方式，由 B 公司每件以 800 元的价格销售给客户，B 公司向 A 公司收取每件 105 元的手续费，由 B 公司代销 A 公司的产品。

二是以买断的方式，B 公司以 800 元/件的价格对外发售 A 公司的产品，

A 公司仍然向 B 公司按每件产品 695 元的价格收取货款，差价 105 元归 B 公司所有。

A 公司的产品成本为 500 元/件（不含税），可抵扣的进项税为 50 元/件，以上价款均为不含税价款。

采用哪种方式销售，更能节税？

方案一：收取代理手续费方式：

A 公司税负：

增值税 = $800 \times 17\% - 50 = 86$（元）

B 公司税负：

营业税 = $105 \times 5\% = 5.3$（元）

合计税负 = $86 + 5.3 = 91.3$（元）

方案二：视同买断方式：

A 公司税负：

增值税 = $695 \times 17\% - 50 = 68.2$（元）

B 公司税负：

增值税 = $800 \times 17\% - 695 \times 17\% = 17.9$（元）

合计税负：$68.2 + 17.9 = 86.1$（元）

因此，从双方的共同利益出发，买断方式比收取代理手续费方式每件节税 5.2 元，应该选择买断方式。

三、结算方式的税务筹划

企业销售方式的不同，造成企业结算方式也会发生变化，从而对纳税义务发生的时间也会不尽一致。

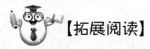【拓展阅读】

根据《增值税暂行条例》，纳税义务发生的时间

（1）企业采用直接收款方式销售产品，以将提单交给买方和收取销售货款的有关凭证的当天为计税日，而不管货物是否发出。

（2）采取托收承付和委托银行收款方式销售货物，为发出货物并办妥托收手续的当天。

（3）采取赊销和分期付款方式销售货物，按合同约定的收款日期的当天。

（4）采取预收货款方式销售货物时，按货物发出的当天。

（5）委托其他纳税人代销货物的，为收到代销单位销售的代销清单的当天。

（6）销售应税劳务、为提供劳务同时收讫销售额或者取得索要销售额的凭证的当天。

（7）纳税人发生视同销售行为的，为货物移送的当天。

由此可见，采用不同的结算方式，增值税纳税义务的发生时间是不一样的，企业可以通过选择对自己有利的结算方式，不仅可以达到延缓缴纳税款的时间，获得资金的时间价值，而且可以避免不必要的税收损失。

【案例 3-7】

结算方式的税务筹划

A 公司为增值税一般纳税人，销售某商品，本月发生了 5 笔销售业务，共计销售额为 5000 万元（含税）。其中，3 笔业务共计 3400 万元，货款已经付清；一笔业务 600 万元，两年后一次付清；另一笔业务一年后付 500 万元，两年后付 400 万元，三年后付 100 万元。

A 公司如果全部都采用直接收款方式，则应在当月全部计算为销售额，计提增值税销项税额为：

销项税额 = 5000 ÷ (1 + 17%) × 17% = 726.50 (万元)

但是，企业有 1600 万元的货款尚未到账，按照这种收款方式，则企业需要垫支增值税款。

如果企业采用分期核算收入的方式，在收到货款时再开具发票，则可以延缓缴纳增值税的时间。

推迟缴纳的增值税和天数如下：

500 ÷ (1 + 17%) × 17% = 72.65 (万元)，天数为 365 天 (1 年)。

400 ÷ (1 + 17%) × 17% = 58.12 (万元)，天数为 730 天 (2 年)。

600 ÷ (1 + 17%) × 17% = 87.18 (万元)，天数为 730 天 (2 年)。

100 ÷ (1 + 17%) × 17% = 14.53 (万元)，天数为 1095 天 (3 年)。

假定年利率为 5.5%，可以获取的资金时间价值为：

$$资金的时间价值 = 72.65 \times (1 + 5.5\%)^1 + 58.12 \times (1 + 5.5\%)^2 +$$
$$87.18 \times (1 + 5.5\%)^2 + 14.53 \times (1 + 5.5\%)^3 -$$
$$(72.65 + 58.12 + 87.18 + 14.53)$$
$$= 22.95 \ (万元)$$

由此可见，分期收款结算方式可以达到推迟纳税的效果，既能为企业节约大量的流动资金，又获取了资金的时间价值。

第三节　增值税出口退税的税务筹划

巧妙利用国家的税收优惠，最大限度为企业争取利益。

——佚名

一、出口退税概述

我国为了鼓励货物出口，实行出口货物零税率的税收优惠政策。即货物在出口时，整体税负为零，出口货物不但出口环节不必纳税，而且还可以退还以前纳税环节的所纳税款。一般来说，出口退税是退还出口货物在国内生产、加工、销售环节已纳的增值税和消费税。我国出口货物退税政策主要包括以下内容：

（一）出口货物退税的条件

出口企业出口货物办理出口退税必须符合以下四个条件：

1. 属于增值税、消费税缴纳范围的货物

出口货物退税的税种是增值税和消费税，其他对出口货物缴纳的税种以及以增值税、消费税为计税依据附征的城建税、教育费附加等不属于出口货物退税的范围。

2. 出口货物必须报关离境

凡在国内销售而不报关离境的货物，不论出口企业是以外币结算还是以人民币结算，也不论企业在财务上或其他管理方法上是如何处理，均不能作为出口货物办理出口退税。

3. 出口货物在财务会计上作出口销售处理

我国的出口退税政策只适用于贸易性的出口货物，对于非贸易性的出口货物，如捐赠的礼品、不做销售的展品、样品以及个人在国内购买自带离境的货物等，不能办理出口退税。

4. 出口货物必须是已经收汇并核销的货物

（二）出口退税的形式

出口货物退税的形式主要有三种：

1. 出口免税并退税

出口免税并退税是指出口货物在货物出口销售环节不征增值税，而且对出口货物在出口前实际承担的税收负担，按照规定的退税率予以退税。

2. 出口免税但不退税

出口免税但不退税是指出口货物在货物出口销售环节不征增值税，由于这类货物在前一道环节是免税的，因此也无需退税。

3. 出口不免税也不退税

出口不免税也不退税是指国家限制或禁止出口的某些货物在出口环节照常征税，并对这些货物不退还出口前其所实际负担的税款。

（三）出口退税率

出口货物的退税率是出口货物的实际退税额与退税计税依据的比率。目前我国出口增值税退税率共分为17%、13%、11%、8%、6%、5%六档。

（四）出口货物退税的计算方法

出口货物退税的计算方法一般有两种：

1. "免、抵、退"方法

免税是指对生产企业出口的自产货物免征本企业生产销售环节的增值税；抵税是指生产企业出口的资产货物所耗用的原材料、零部件等所含的应予退还的增值税进项税额，抵顶内销货物的应纳税额；退税是指生产企业出口的资产货物在当月内应抵顶的进项税额大于应纳税额时，对未抵顶完的税额予以退税。

2. "先征后退"方法

外贸企业以及实现外贸企业财务制度的工贸企业收购货物出口，其出口销售环节的增值税免税；其收购的货物出口后，按收购成本与退税率计算退税额退还给外贸企业，征退税税率之差计入企业成本。

二、增值税出口退税的税务筹划

作为出口企业，在选择出口经营方式时，往往涉及贸易方式的选择以及货物出口方式的选择。选择哪种方式更适合自己的企业，这就需要进行精心的策划，权衡利弊。

（一）贸易方式的选择

目前，企业发生国外料件加工复出口业务主要有两种贸易方式：来料加工方式和进料加工方式。其中，来料加工方式是指国外企业提供一定的原材料、辅助材料、零部件等，委托我国企业按照其要求进行加工、装配成成品出口的一种贸易方式。进料加工是指我国受委托企业提供部分或全部原材料、辅助材料、零部件等，并加工成成品或半成品再销往国外企业的一种贸易方式。来料加工方式适用"出口免税不退税"的税收政策，但不能抵扣进项税额。进料加工方式适用"出口免税并退税"的税收政策。

鉴于我国出口增值税退税率共分为 17%、13%、11%、8%、6%、5%六档，一般情况下，如果某企业出口货物的退税率与征税率相等时，建议企业选择进料加工方式。因为，如果企业采用进料加工方式的话，企业在货物出口后，可以办理全部进项税额的出口退税，但如果企业采用来料加工的话，虽然免征增值税，但进项税额不予办理退税，出口货物的销售成本随之增加。

如果企业出口货物的退税率低于征税率时，一般有几种情况：在出口货物耗用的国产原料少而利润率又较高的情况下，应选择来料加工方式。因为，如果企业选择来料加工，出口货物免征增值税，而企业选择进料加工的话，虽可为出口货物办理增值税退税，但由于征税率高于退税率，其增值税差额要计入出口货物成本，增大了进料加工的业务成本。在出口货物耗用的国产料件较多而此时货物的利润率又比较低的情况下，宜选择进料加工的方式。在进料加工方式下，出口货物可办理出口退税，虽然因退税率低于征税率而增加了出口货物成本，但与来料加工业务相比，随着耗用国产料件数量的增多，其业务成本会部分的被抵消，甚至小于后者的业务成本。

【案例 3-8】

进料加工方式的退税计算

A公司与国外某公司合作生产一批产品，双方协商以进料加工方式合作，原料从国外进口，价值为 5000 万元，加工完成的成品以 8200 万元返销给该国外企业，公司所适用的增值税率为 17%，退税率为 13%，为加工此项产品所花费费用的进项税额为 100 万元。

如按进料加工方式计算：

当期不予退税的税额 =（8200 − 5000）×（17% − 13%）= 128 （万元）

当期应缴纳的增值税 = 0 −（100 − 128）= 28 （万元）

该企业选择进料加工方式时，需要缴纳增值税 28 万元，但如果采用来料加工方式就可以免缴增值税 28 万元。

如果这批货物的出售价格为 6000 万元时，此时以进料加工方式计算所缴纳的税款如下：

当期不予退税的税额 =（6000 − 5000）×（17% − 13%）= 40 （万元）

当期应纳增值税 = 0 −（100 − 40）= −60 （万元）

当期免抵退额 =（6000 − 5000）× 13% = 130 （万元）

这时，采用进料加工方式的当期应退税额为 60 万元。

（二）出口方式的选择

对于有出口经营权的企业来说，出口方式有：自营出口和代理出口两种方式。其中，自营出口是指由出口企业自己办理出口业务，并自行办理出口退税；代理出口是指货物出口企业委托代理企业办理货物出口。除另有规定外，自营出口和代理出口一律执行"免、抵、退"税收管理方法。

一般情况下，当企业出口货物的征税率与退税率相等时，企业选择自营出口与通过委托外贸代理企业出口，所承担的增值税税负相同；当企业出口货物的征税率大于退税率时，企业选择自营出口所承担的增值税税负大于委托外贸代理企业的增值税税负，企业应当选择委托外贸代理企业出口。

【案例 3−9】

自营方式的出口退税

某企业 2010 年自营出口 3000 万元，可以进行抵扣的进项税额为 410 万元，该企业适用的增值税率为 17%，退税率为 13%。在 2010 年公司应缴纳的税款如下：

当期不得免征和抵扣税额 = 3000 × (17% − 13%) = 120（万元）

应纳税额 = 0 − (410 − 120) = −290（万元）

免抵退税额 = 3000 × 13% = 390（万元）

则应退增值税为 290 万元。

如果企业成立一家外贸公司，先将该部分商品以 2800 万元的价格销售给外贸公司，再通过外贸公司以 3000 万元的价格出口，则应缴纳的税款如下：

该公司应缴增值税 = 2800 × 17% − 410 = 66（万元）

该外贸公司应退增值税 = 2800 × 13% = 364（万元）

则合计净退增值税 = 364 − 66 = 298（万元）

由以上计算结果，我们得知，如果采用成立外贸公司出口的方式比该公司自行出口能多得到 8 万元的出口退增值税。

本章小结

增值税纳税人是指在我国境内销售货物或提供加工、修理修配劳务以及进口货物的单位和个人。增值税的纳税人根据年应税销售额大小和会计核算健全与否可分为一般纳税人和小规模纳税人。由于两类纳税人身份在税收负担上存在很大的不同，可以通过计算"无差别平衡点的增值率"选择增值税纳税人的身份。

增值税计税依据的总体筹划思路是：如果想缴纳的增值税额尽可能的低，应该使得销项税额尽可能的小，而进项税额尽可能的大。无论选择什么样的筹划方案，都是从这一基本思路出发。

增值税出口退税的税务筹划可通过选择不同的贸易方式和出口方式实现。企业在选择某种方式时，都应该统筹兼顾，全面平衡企业的整体利益，要做到不能顾此失彼。

第四章　消费税的税务筹划

利用规定巧节消费税

A 汽车轮胎厂，属于增值税一般纳税人，在 2010 年 9 月的轮胎销售额为 5000 个，该厂每个轮胎的售价为 1000 元（不含增值税），这批轮胎一共耗用了包装盒 500 个，其中，每个包装盒的销售价格为 50 元（不含增值税），已知轮胎的消费税税率为 3%。工厂应该如何处理这批包装物，才能使得企业最大限度地节税呢？

有以下两种方案可以选择：

方案一：工厂将此批包装物作价，与轮胎同时销售，此时，包装盒需要并入轮胎售价中，被增收消费税，企业应缴纳的消费税为：（5000 × 1000 + 50 × 500）× 3% = 150750（元）

方案二：工厂就该批包装盒以押金的名义向客户收费，每个 50 元，押金则不需并入应税商品的销售额征收消费税，此时，工厂应缴纳的消费税为：5000 × 1000 × 3% = 150000（元）

以押金名义收入的费用，如在一年之内不退还，超过一年就需要缴税。虽然最终都需要缴纳税款，但是以该种方式的话，企业相当于免费使用了该笔资金一年，为企业获得了流动资金，争取了资金的时间价值。

如果押金在规定的期限内（一般为 12 个月）未退还的话，该项押金则被视为销售额纳税。但是收取的押金作为价外费用，应属于含税的款项，计算消费税时，必须先将其换算成不含税收入。

此时，一年后工厂应缴纳的消费税为：50 × 500 ÷ (1 + 17%) × 3% = 641（元）

合计缴纳的消费税为：150000 + 641 = 150641（元）

从以上两种方案看，方案二缴纳的消费税比方案一少，但由于延缓一年缴税，等于免费获取了一年的资金使用。因此，厂家如果想要节税，可以将包装物不要连同货物一同作价出售，而是以收取押金的方式，这个完全符合税法的规定，又为企业节约了资金。

资料来源：应小路，赵军红.税务筹划 [M].上海：复旦大学出版社，2010.

【案例启示】 本案例中，虽然从该笔交易的数额来讲，所节省的税额并不大，但是长此以往，就能为企业节省大量的资金。在消费税的筹划中，还有许多方法也能帮助企业节约税款。

本章您将了解到：
- 从价计税、从量计税和复合计税课税模式
- 比例税率、定额税率和复合税率
- 消费税税务筹划的方式

第一节　消费税纳税人的税务筹划

只要不被列入消费税征收的范围，就可以不缴纳消费税。

——佚名

一、谁是消费税纳税人

根据消费税暂行条例的规定，消费税是对我国境内生产、委托加工和进口应税消费品的单位和个人，就其销售额或销售数量，在特定环节征收的一种税。

消费税纳税人是在我国国境内生产、委托加工和进口应税消费品的单位和个人。我国消费税纳税人按照具体情况可分为生产应税消费品的纳税人、委托加工应税消费品的纳税人和进口应税消费品的纳税人。

（一）生产应税消费品的纳税人

即从事应税消费品生产和销售的各类企业、单位和个体经营者。生产应税消费品用于销售的，于销售时缴纳消费税；纳税人生产应税消费品用于继续生产应税消费品的，不征收消费税；纳税人生产应税消费品用于其他方面的，都应视同销售计算缴纳消费税；但对于金银首饰、钻石饰品消费税，则由零售环节的纳税人于销售时缴纳。

（二）委托加工应税消费品的纳税人

委托加工是指委托方提供原料和主要材料，受托方只收取加工费和代垫部分辅助材料的加工方式。委托加工应税消费品以委托方为纳税人，但一般由受托方代收代缴消费税。但是，如果委托个体经营者加工应税消费品，一律于委托加工的应税消费品收回后，在委托方所在地缴纳消费税。此外，委托加工的应税消费品在提货时已缴纳消费税的，若委托方对外销售，则不再缴纳消费税；若委托方用于连续生产应税消费品，则其所纳税款允许按规定扣除。

（三）进口应税消费品的纳税人

在进口应税消费品时，由货物进口人或代理人在报关进口时缴纳消费税。

二、消费税纳税人筹划思路

由于消费税是间接税，是政府向消费品征收的税，征收范围较窄，只有税法中规定的应税消费品才需要交税；也并非生产经营消费品的所有环节都需要缴纳消费税。因此，企业可通过筹划，合理地避开税法所规定生产相应的应税消费品和环节，就可以成功为企业节约税款和争取资金的时间价值。

（一）通过企业合并

税法规定，纳税人生产应税消费品用于继续生产应税消费品，不征收消费税。如果 A 企业向 B 企业购买某应税消费品用于生产，企业一合并的话，原来 A 企业和 B 企业之间的购销关系就变成了企业内部不同部门之间的原材料转让关系，在转让环节不需要缴纳消费税，等进入销售环节才需要缴纳消费税，从而递延部分消费税税款，为企业争取了资金的时间价值。

此外，企业合并后，如果后一个环节的消费税率低于前一个环节，则能减轻企业的消费税税负，本应在前一个环节征收的税款延迟到后一个环节再征收，如果后面环节适用税率比前一个环节低，合并前企业的销售额在合并后适用低的税率，有助于企业减轻税负。

（二）不使用中间材料

企业购买用于继续生产的应税消费品需要缴纳消费税，企业可通过合并生产原材料的公司延迟缴纳该笔消费税，也可通过自我投资建厂的方式改为自己生产原材料，如果企业具备一定实力，可通过工艺创新，改变生产产品的生产流程，不需要使用中间材料，则可避免缴纳该部分的消费税。

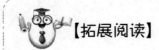【拓展阅读】

税法对包装物计税的规定

（1）根据《消费税暂行条例实施细则》第 13 条规定，应税消费品连同包装物销售的，无论包装物是否单独计价以及在会计上如何核算，均应并入应税消费品的销售额中缴纳消费税。

（2）如果包装物不作价随同产品销售，而是收取押金，此项押金则不应并入应税消费品的销售额中征税。但对因逾期未收回的包装物不再退还的，或者已收取的时间超过 12 个月的押金，应并入应税消费品的销售额，按照应税消费品的适用税率缴纳消费税。

（3）对既作价随同应税消费品销售，又另外收取押金的包装物的押金，凡纳税人在规定的期限内没有退还的，均应并入应税消费品的销售额，按照应税消费品的适用税率缴纳消费税。

【案例 4-1】

不征收消费税的情况

假设某地有两家企业 A 和企业 B，企业 A 生产粮食类白酒，适用 20%的消费税比例税率和 0.5 元/斤的定额税率，而企业 B 以企业 A 的粮食类白酒为原料生产药酒，适用 10%的消费税税率和 0.5 元/斤的定额税率，假设每年企业 A 向企业 B 提供价值 1000 万元，共 200 万千克的粮食白酒，而企业 B 生产的药酒的销售额为 3000 万元，销售数量为 200 万千克。假定不考虑其他税收因素的影响。

1. 企业 A 和企业 B 进行合并前

企业 A 应缴纳消费税 = $1000 \times 20\% + 200 \times 0.5 \times 2 = 400$ （万元）

企业 B 应缴纳消费税 = $3000 \times 10\% + 200 \times 0.5 \times 2 = 500$ （万元）

合计应缴税款 = $400 + 500 = 900$ （万元）

2. 企业 A 和企业 B 进行合并后

税法规定纳税人生产应税消费品用于继续生产应税消费品，不征收消费税，因此可节省合并前的企业 A 应缴纳消费税 400 万元。

第二节 消费税计税依据的税务筹划

正确掌握计税依据，可以使企业减少不必要的损失，合理合法地承担税负。

——佚名

一、消费税不同形式的税负

计税依据是消费税征收时计算应纳税额的工具，目前我国消费税的课税模式有从价计税、从量计税和复合计税三种。

（一）从价计税

从价计税是指企业生产销售应税消费品，以销售额为计税依据，按规定税率计算缴纳税额，其计税公式：

应纳税额 = 应税消费品的销售额 × 适用税率

其中：

应税消费品的销售额 = 含增值税销售额 ÷（1 + 增值税税率或征收率）

从价计税的消费品，如果销售产品时有包装物一同出售，包装物并入销售额中计收消费税；若包装物不连同产品一起出售，只收取押金，则押金不计消费税。除了从量计税和复合计税的应税消费品外，都适用于从价计税。

如某卷烟厂 1994 年 5 月销售一批甲类卷烟，取得销售收入 50000 元，其中包括连同销售的包装物收入 2000 元，依照有关规定从 1994 年 1 月 1 日起甲类卷烟消费税减按 40% 的税率征收，其应纳消费税计算如下：

应纳税额 = 50000 × 40% = 20000（元）

（二）从量计税

从量计税是指企业生产销售应税消费品，以销售数量为计税依据，按规定的单位税额计算课税，其计税公式：

应纳税额 = 应税消费品的销售数量 × 单位税额

实行从量计税的应税消费品包括黄酒、啤酒、汽油、柴油、航空煤油等各类成品油。

如某啤酒厂本月生产销售啤酒 400 吨，规定的单位税额为 220 元，计算啤酒厂本月应纳消费税额如下：

应纳税额 = 400 × 220 = 88000（元）

（三）复合计税

复合计税是指企业生产销售应税消费品，以销售额为计税依据，按规定税率计算缴纳税额再加上以销售数量为计税依据，按规定的单位税额计算税额，两者之和便是企业应纳消费税额。其计税公式：

应纳税额 = 应税消费品的销售额 × 适用税率 + 应税消费品的销售数量 × 单位税额

其中：

应税消费品的销售额 = 含增值税销售额 ÷（1 + 增值税税率或征收率）

实行复合计税的应税消费品包括白酒和卷烟。

税法关于自产应税消费品、连续生产应税消费品、委托加工应税消费品和进口的应税消费品的计税依据都有不同的规定，需要根据消费税不同产品计税依据的特点和内容，找各种税负、利益的平衡关系。

二、自产自用应税消费品的税务筹划

纳税人自产自用应税消费品，用于连续生产应税消费品，是指作为生产最终应税消费品的直接原料，并构成产品实体的应税消费品。对于纳税人将自产的应税消费品用于连续生产应税消费品的情况，不视为发生了应税行为，不缴纳消费税。

如果纳税人将自产的应税消费品用于其他方面，在移送使用中即发生了应税行为，应按规定的税率来计算缴纳消费税。企业自产的应税消费品虽然没有用于销售或连续生产应税消费品，但只要是用于税法所规定的范围的都要视同销售，要依法缴纳消费税。与此同时，纳税人自产自用的应税消费品的计税依据为同类产品的销售价格，适用从量计税缴的应税消费品，自产自用应税消费品的销售数量，为应税消费品的移送使用数量。

如果没有同类应税消费品销售价格的，按照组成计税价格计算缴纳。组成计税价格有从价定率办法计算和复合计算办法计算两种方法。

（一）实行从价定率办法计算组成计税价格的公式

组成计税价格 ＝（成本 ＋ 利润）÷（1 － 比例税率）

（二）实行复合计算办法计算组成价格的公式

组成计税价格 ＝（成本 ＋ 利润 ＋ 自产自用数量 × 定额税率）÷（1 － 比例税率）

从公式看，缩小成本和利润对节约税负有很大帮助。由于成本是计算组成计税价格的重要因素，而产品成本是可以通过会计政策进行调整的。因此，只要将自用产品应负担的间接费用少留一部分，而将更多的费用分配给其他产品，就可降低用来计算组成计税价格的"成本"，从而降低组成计税价格，使自用产品负担的消费税相应地减少。

【案例 4-2】

自产自用消费品税务筹划

某企业业务上有使用游艇需求，但向外购买价格高，交货周期也长。企业本身具有自我制造游艇的能力，于是决定自我制造。企业按照税法规定，严格按费用分配标准，计算出自造游艇成本为 40 万元，假设利润率为 10%，游艇的消费税率为 10%，如不进行税务筹划，其组成计税价格和应纳消费税计算如下：

组成计税价格 ＝（40 ＋ 40 × 10%）÷（1 － 10%）＝ 48.89（万元）

应纳消费税 ＝ 48.89 × 10% ＝ 4.89（万元）

企业进行税务筹划后应缴纳消费税。

如果企业能降低成本，则消费税负下降。企业通过提高管理效率等方式，降低自制自用产品的成本，将其成本降低为 30 元，其组成计税价格和应纳消费税计算如下：

组成计税价格 = $(30 + 30 \times 10\%) \div (1 - 10\%) = 36.67$ （万元）

应纳消费税 = $36.67 \times 10\% = 3.67$ （万元）

企业降低自制自用产品的成本后，少纳消费税额为：$4.89 - 3.67 = 1.22$ （万元）

三、连续生产应税消费品的税务筹划

连续生产应税消费品主要是指以消费税产品为原材料，继续生产加工应税消费品的业务，如用烟丝，继续生产加工成卷烟，烟丝是卷烟的直接材料并最终构成卷烟的实体，这里烟丝和卷烟都是消费税的产品。而烟丝作为生产卷烟的原材料，其来源涉及三种不同情况：第一种是自行加工的；第二种是委托加工收回的；第三种是外购的。三种不同的原材料来源，如何做好税收处理呢？[①]

（一）自行加工

自行加工的应税消费品根据消费税条例的规定，纳税人自行加工的应税消费品，用于连续生产应税消费品的，不纳税。也就是说，用企业生产出的烟丝为原材料，继续加工生产出卷烟，烟丝不纳消费税，只对生产出的卷烟征收消费税，但是直接对外销售的烟丝还是应该征收消费税的。

【案例 4-3】
自行加工应税消费品的税务筹划

某市甲卷烟厂，购入了一批烟叶，价值 150 万元，准备加工成烟丝，由 A 车间负责，加工费用为 120 万元；B 车间再负责将其加工成甲类卷烟，加工费用为 100 万元。该批甲类卷烟的销售收入为 1000 万元，适用于 50% 的消费税率。

在本案例中，如果甲卷烟厂不是由其内部的 B 车间将 A 车间加工好的烟丝直接加工成卷烟成品，而是由 A 车间将烟丝直接出售的话，那么就需要征收烟

---

① http://www.cnnsr.com.cn/jtym/swk/20050704/2005070409541196038.shtm.

丝消费税，由工厂的 B 车间加工成卷烟再出售，就只需要缴纳消费税。

应缴纳的消费税为：$1000 \times 50\% = 500$（万元）

税后利润为：$(1000 - 150 - 120 - 100 - 500) \times (1 - 25\%) = 97.5$（万元）

（二）委托加工收回

委托加工的应税消费品企业或单位由于设备、技术、人力等方面的局限和对产品性能、质量等方面的特殊要求，常常自己不能生产，而委托其他单位代为加工应税消费品，然后，将加工好的应税消费品收回，或者直接销售或者自己使用。按照条例的规定，委托加工的应税消费品，由受托方在向委托方交货时代收代缴税款。

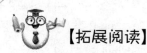

【拓展阅读】

委托加工应税消费品

所谓"委托加工的应税消费品"，是指由委托方提供原料和主要材料，受托方只收取加工费和代垫部分辅助材料进行加工的应税消费品。存在以下三种情况的，不论受托企业在财务上是否作销售处理，都不得作为委托加工应税消费品，而应当按照销售自制应税消费品缴纳消费税。

一是由受托方提供原材料生产的应税消费品。

二是受托方先将原材料卖给委托方，然后再接受加工的应税消费品。

三是由受托方以委托方的名义购进原材料生产的应税消费品。

这主要是因为，委托加工应税消费品是由受托方代收代缴消费税税款的，受托方只就其加工劳务缴纳增值税。如果委托方不能提供原料和主要材料，而是受托方以某种形式提供原料，那就不称其为委托加工，而是把它看作受托方在自制应税消费品了。在这种情况下，就有可能出现受托方人为地压低计税价格，虚假代收代缴消费税的现象。

对于委托加工收回的应税消费品，如果委托企业收回后，直接对外销售则不再缴纳消费税。如果用于连续生产应税消费品，则允许扣除当期投入生产的应税消费品的已纳消费税税额。

【案例 4-4】
委托加工收回消费品的税务筹划

A 卷烟厂，购入烟叶一批，价值 150 万元，因 B 卷烟厂烟丝加工技术好，准备委托 B 卷烟厂代其加工成烟丝，双方协商加工费用为 120 万元。

A 卷烟厂将加工好的烟丝回收，将烟丝继续加工成卷烟，加工费用合计为 100 万元，销售卷烟成品取得销售额为 1000 万元，甲类卷烟消费税税率暂按 50%计算，烟丝消费税税率为 30%。企业所得税为 25%，B 卷烟厂为受托方，代缴纳消费税为：

$(150 + 120) \div (1 - 30\%) \times 30\% = 115.71$（万元）

A 厂应缴纳的消费税为：

$1000 \times 50\% - 115.71 = 384.29$（万元）

税后利润为：

$(1000 - 150 - 120 - 100 - 384.29) \times (1 - 25\%) = 184.28$（万元）

如果 A 卷烟厂直接委托 B 卷烟厂将烟丝加工成甲类卷烟，双方约定加工费用为 220 万元，A 卷烟厂收回甲类卷烟后以原先的价格出售，仍取得 1000 万元的销售额，则应支付的消费税为：

$(150 + 220) \div (1 - 50\%) \times 50\% = 370$（万元）

对外销售时则无需再缴纳消费税，税后利润为：

$(1000 - 150 - 220 - 370) \times (1 - 25\%) = 195$（万元）

（三）外购

外购的应税消费品如果企业自己不能生产或委托加工同类应税消费品，那就只能选择外购，或者自我生产的成本远高于外购，企业则选择外购。由于消费税是价内税，即消费税税额包含在应税消费品的价格之内，因此，企业在外购原材料的同时，也就支付了消费税税款。对于用外购的应税消费品为原料继续生产应税消费品的，允许按当期生产领用数量计算准予扣除外购的应税消费品已纳的消费税税款。

【案例 4–5】

外购消费品的税务筹划

A 卷烟厂，购入已税烟丝一批，价值为 384.29 万元，将其投入生产，生产出甲类卷烟，出售甲类卷烟获得 1000 万元的销售额。

则 A 卷烟厂应缴纳的消费税为：

$1000 \times 50\% - 384.29 \times 30\% = 384.71$ （万元）

税后利润为：

$(1000 - 384.29 - 384.71) \times (1 - 25\%) = 173.25$ （万元）

由以上几个案例分析得知，假定相关因素相同，自行加工方式的税后利润最小，其税负最重，税后利润最低；委托加工方式税负比自行加工方式低，利润也比自行加工方式高；而委托加工方式中完全委托加工方式税负比委托加工后再自行加工销售的税负要低。

导致这种结果的原因是三种不同生产方式的应税消费品的税基不同。在自行加工方式下的应税消费品，产品销售价格为计税的税基；采用委托加工方式的话，其税基为组成计税价格或同类产品销售价格，一般比产品的销售价格低，而低于的这一部分，是未缴纳消费税的。在购买应税消费品继续加工的方式下，可以抵扣购入原材料时缴纳的税额，所以虽然同样以产品销售价格为税基，税负却相对要轻一些。

四、消费税包装物方面的税务筹划

根据税法规定：实行从价定率方法计算应纳税额的应税消费品连同包装销售的，无论包装物是否单独计价，也不论在会计上如何核算，均应并入应税消费品的销售额中，按其所包装消费品的使用税率缴纳消费税；如果包装物不作价销售而是收取押金，此项押金则不并入应税消费品的销售额计缴消费税；如果包装物作价销售又收取押金，此项押金不并入销售额征税，只对作价销售的包装物缴纳消费税。对因逾期未收回包装物而不再退还的和已收取一年以上押金，应并入应税消费品的销售额，按照应税消费品的应税税率缴纳消费税。

根据以上规定，企业如果想在包装物上节省消费税，关键是包装物不能作价随同产品销售，而应采取收取押金的形式，而此项押金还必须在规定时间内收回，则可以不并入销售额计算缴纳消费税，从而降低税负。

【案例 4-6】

包装物的税务筹划

A 公司销售产品 100 件，单价为 500 元，此价格中包含了木质包装箱 50 元，销售总金额为 50000 元，假定消费税率为 10%，则应纳消费税为：

$50000 \times 10\% = 5000$ （元）

公司如果选择将木质包装箱以收取包装物押金的方式出售产品，并与购货方商定在半年内退还，则公司可以节税：

$50 \times 100 \div (1 + 17\%) = 4273.5$ （元）

实际纳税 $5000 - 4273.5 = 726.5$ （元）

五、避免过高售价的税务筹划

（一）先销售后入股或抵债

税法规定，纳税人自产的应税消费品用于换取生产资料和消费资料，投资入股或抵偿债务等方面，虽然没有发生直接的销售行为，但视同销售，应当按照纳税人同类应税消费品的最高销售价作为计税依据。这样就给企业增加了负担。但在现实的企业经营过程中，如果企业协议将应税消费品与别的企业换取生产资料或其他物资时，会先协商好价格，协议价不会高于市场的最高售价，一般以市场的平均价为依据，这样的话，则不用以同类应税消费品的最高售价作为计价依据，减轻了企业的税负。因此，企业如果采取先销售，后交换、抵债或入股的方式，可以降低纳税成本，增加企业利润。

【案例 4-7】

先销售后购买原材料税务筹划

工厂生产小汽车，本月销售 1.2 汽缸容量同型号的小汽车共 1000 辆，出售的价格各不相同，其中，以 68000 元的价格售出小汽车 300 辆，以售价为 72000 元的价格售出小汽车 500 辆，以 78000 元的价格售出小汽车 200 辆。A 工厂向 B 工厂采购原材料，正好在该月 B 工厂因业务扩大，需要同型号 1.2 汽缸容量的小汽车 300 辆，双方协议 A 公司以 300 辆小汽车向 B 工厂换取原材料。

按《中华人民共和国消费税暂行条例》，汽缸容量在 1.0 升至 1.5 升（含 1.5 升）的小汽车需按 3% 的消费税率缴纳消费税，A 公司筹划前应缴纳消费税如下：

$78000 \times 300 \times 3\% = 702000$（元）

如果 A 工厂跟 B 工厂协商，先将这 300 辆小汽车以当月的加权平均价卖给 B 工厂，再购进同等价值的原材料，这样需缴纳的消费税如下：

$$\frac{68000 \times 300 + 72000 \times 500 + 78000 \times 200}{1000} \times 300 \times 3\% = 648000 （元）$$

节约税款：$702000 - 648000 = 54000$（元）

可见，经过筹划，为企业节约税款 54000 元。

此外，企业在对外投资时，应尽量避免用货币资产直接投资，而应尽量采用无形资产或者设备，因为设备折旧费可以在税前扣除，减少所得税纳税基数，另外也可通过选择不同资产的评估方法，高估资产价值，多分摊折旧费用，缩小被投企业的所得税基数，为企业节税。

（二）利用独立核算的分销机构

税法规定，纳税人成立非独立核算门市部销售的自产应税消费品，应当按照门市部对外销售额或者销售数量计算征收消费税,对于独立核算的门市部则无此规定。因此,纳税人如成立一个独立核算的门市部或者销售公司,再将应税消费品以较低的价格卖给该门市部,再以正常价格对外发售。较低的售价使得所得税税基变小,降低消费税税负。消费税是在生产环节才征收,而该独立门市部只面对顾客销售产品,并不处于生产环节,所以不需要缴纳消费税,只需要缴纳增值税即可,企业整体税负负担下降。

当然,企业将应税消费品卖给门市部时,价格不可过低,应当参照该商品在其他销售处的同期平均价格,如果价格过低,税务部门将会介入。

企业设立独立核算的分销机构会给企业员工增加一定的工作量,也会增加企业的管理成本,此时,企业应当衡量增设独立核算的分销机构付出的成本和节税收益,从而做出决策。

【案例4-8】

利用独立核算的分销机构税务筹划

某公司生产化妆品,属于增值税一般纳税人,公司产品销往全国各地的批发部,批发价每套售价260元(不含增值税)。公司原来设立了两个门市部,由这两个门市部负责产品的批发业务,一个门市部负责产品全国各地的批发业务,一个门市部负责当地的零售业务,零售价为每套400元(不含增值税),负责当地的门市部本月销量为500套,但是这两个门市部与公司是统一核算的,并非单独核算。化妆品适用的消费税税率为30%。

如果企业不进行筹划,本地销售的门市部与公司统一核算,则需要按照销售价格缴纳消费税,该公司本地销售的5万套化妆品本月应缴纳的消费税为:

本期应纳消费税 = 400 × 500 × 30% = 60000(元)

如果企业经过筹划,将负责本地销售的门市部独立出来,实行单独核算,公司按照260元/套的批发价销售化妆品给该门市部,门市部再以400元/套的价格卖给顾客,则公司需要缴纳的消费税为:

本期应纳消费税 = 260 × 500 × 30% = 39000(元)

公司节约的消费税款为：60000 - 39000 = 21000（元）

六、销售数量的税务筹划

税法中实行从量计税的应税消费品有黄酒、啤酒、汽油、柴油等各类成品油，关于从量计税的应税消费品销售额的确定，税法中给出了明确规定：企业销售应税消费品的，为应税消费品的销售数量。企业采用不同的销售方式，会影响销售数量的确定。企业采用折扣销售方式时，如果折扣额和销售额在同一张发票上分别注明的，可按折扣后的余额计算消费税；如果将折扣额另开发票，不论其在财务上如何处理，均不得从销售额中减除折扣额。目前，企业为了吸引顾客，经常会举行一些促销活动，如购买 100 件应税消费品，就给予 10 件同样的应税消费品折扣的活动，企业如果在开发票时明确标示了销售数量和折扣的数量，该赠送数量商品的数量就可扣除，计税的销售数量基数变小，减少企业应纳税款。

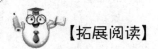

【拓展阅读】

税法对卷烟和啤酒的规定

税法对卷烟的有关规定是：甲类卷烟，即每标准条（200 支）对外调拨价在 70 元（含 70 元，不含增值税）以上的，比例税率为 56%；乙类卷烟，即每标准条（200 支）对外调拨价在 70 元（不含增值税）以下的，比例税率为 36%，两类卷烟的从量税额都是 0.003 元/支。

税法对啤酒有关的规定是：每吨啤酒出厂价格（含包装物及包装物押金）在 3000 元（含 3000 元，不含增值税）以上的，单位税额 250 元/吨；每吨啤酒出厂价格在 3000 元（不含 3000 元，不含增值税）以下的，单位税额 220 元/吨。对于卷烟和啤酒，都有临界点的问题，超过该临界点的话，征收的税是不一样的，甚至是大幅度的上升，这样就给企业留下了筹划的空间。企业销售价格的上升会带来销售收入的增加，但是可能也增加企业的消费税税负，所以企业在定价时，有必要平衡总体利益，选择对企业有利的方式。

【案例 4-9】

企业临界点税务筹划

某企业为增值税一般纳税人，销售卷烟，每条卷烟的对外调拨价为 65 元（不含税）。年底将至，市场对卷烟的需求大幅增加，该产品供不应求，企业觉得该定价过低，想要上调卷烟价格，于是把每条的对外调拨价上升至 75 元，该企业的所得税适用税率为 25%，每箱卷烟的成本为 8000 元。

以一标准箱的销量计算，请问：该次调价能增加企业的利润吗？（先不考虑城建费和教育附加费）

调价前企业利润：

应纳消费税 $= 250 \times 200 \times 0.003 + 65 \times 250 \times 36\% = 6000$ （元）

企业利润 $= (65 \times 250 - 8000 - 6000) \times (1 - 25\%) = 1687.5$ （元）

调价后企业利润：

应纳消费税 $= 250 \times 200 \times 0.003 + 75 \times 250 \times 56\% = 10650$ （元）

企业利润 $= (75 \times 250 - 8000 - 10650) \times (1 - 25\%) = 75$ （元）

此次调价并没有为企业带来利润的增加，反而使得利润下滑。所以对于卷烟和啤酒类产品，企业在制定价格的时候应当考虑清楚，不能盲目调升产品售价，应当综合考虑企业利益。如果企业仅把每条香烟的调拨价提升至 69 元，不超过 70 元这个临界点，则仍然适用 36% 的消费税税率，企业应纳消费税税负的增加幅度小于价格上涨带来利润的增加幅度，企业获利增加。

七、延长纳税期

（一）纳税义务发生时间

（1）纳税人自产自用的应税消费品，纳税义务的发生时间为移送应税消费品的当天。

（2）纳税人委托加工的应税消费品，纳税义务的发生时间为委托方提货的当天。

（3）纳税人进口的应税消费品，纳税义务的发生时间为报关进口的当天。

（4）纳税人销售应税消费品的纳税义务发生时间，税法有如下规定：

1）纳税人采用赊销和分期付款结算方式的，纳税义务的发生时间为合同规定收款日期的当天；书面没有约定收款日期或无书面合同的，为发出应税消费品的当天。

2）采用预收货款结算方式的，为发出应税消费品的当天。

3）采用托收承付和委托银行收款结算方式的，为发出应税消费品并办妥托运手续的当天。

4）纳税人采取其他结算方式的，其纳税义务的发生时间为收讫销售货款或取得索取销售货款凭证的当天。

（二）纳税期限

纳税义务发生的时间确定后，还要清楚消费税的缴纳期限。

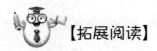

【拓展阅读】

税法对消费税的缴纳日期的规定

消费税的纳税期限分别为 1 日、3 日、5 日、10 日、15 日、1 个月或者 1 个季度。纳税人选择哪天作为具体的纳税期限，由其主管税负根据纳税人的实际情况核定；不能按照固定期限纳税的，可以每次的销售收入纳税。纳税人以 1 个月或一个季度为一期纳税的，自期满之日起 15 日内申报纳税；以 1 日、3 日、5 日、10 日或者 15 日为一期纳税的，自期满之日起 5 日内预缴税款；以 1 个月为一期纳税的，于次月 1 日起 10 日内申报纳税并结清上月应纳税款。

缴纳消费税税款是消费税纳税人应尽的义务，但是可以根据税法的规定，在合法的范围内灵活地调整并缴纳消费税税款，如将缴纳税款日在法律允许的范围内尽可能的延后，推迟纳税日期的实现，企业则获得了一笔无息贷款和一笔流动资金。

【案例 4-10】

延长纳税期税务筹划

某公司是生产化妆品的厂家，成立时间不长。为了开拓市场，企业实行"占领市场"的宗旨，导致货款拖欠现象严重，货款没收到，税款却先缴纳的情形时有发生，公司现金流严重不足。在公司营业期间，发生了如下两笔较大的业务：

1. 2009 年 4 月，A 单位向该公司购买金额为 210 万元的化妆品，相关业务员已与 A 单位签订了销售合同，合同约定在 4 月 8 日、10 月 18 日、12 月 18 日分三批发给 A 单位，货款的支付时间为货物发出后两个月内支付。公司的会计在 2009 年 4 月底计提了该笔交易的应纳消费税。

2. 2009 年 11 月，与 B 商场签订一笔销售合同，合同标的为 100 万元，货物于 2010 年 4 月 31 日前发出，B 商场与该公司合作关系良好，签订合同后就立刻将该笔款项支付给了该公司。公司的会计已于 2009 年 11 月底将 100 万元的销售额计算缴纳消费税。

对于第一笔交易，会计人员按照直接销售的方式处理，在 2009 年 8 月底已经计提和缴纳消费税 63 万元（化妆品适用 30% 的消费税率）。在该笔业务中，如果该公司的业务人员在签订合同时对该笔业务清楚写明"分期收款结算方式销售"业务，三批货物的消费税就可以在收款日的时候才缴纳，为公司争取资金的时间价值。

对于第二笔交易，根据合同，可见该笔业务属于"预售货款结算方式销售"，预收货款结算方式销售的应税消费品消费税缴纳日期应为发出应税消费品的当天，所以该笔货款的应纳消费税款 30 万元是可以在 2010 年 4 月才缴纳。

资料来源：www.cnnsr.com.cn.

第三节　消费税税率的税务筹划

消费税税率档次多，尽量使得企业适用低税率，是消费税税率筹划的关键。

——佚名

消费税按不同的消费品划分税目，税率在税目的基础上采用"一目一率"。为了适应不同应税消费品，消费税税率分为比例税率、定额税率和复合税率。如现行消费税对黄酒、啤酒和成品油按照定额税率实行从量定额征收；对卷烟、粮食白酒和薯类白酒按照复合计税；其余的应税消费品按照比例税率从价定率征收。

消费税比率税率最低为 3%，最高为 56%，定额税率最低为每征税单位 0.1 元，最高为 250 元。而且消费税税率对于同一应税消费品来说，当条件不同时，税率也存在差异。

纳税人可以针对消费税税率多档次的特点，根据税法的规定，正确进行必要的合并或分开核算以及分开包装，从而达到节税的目的。

由于应税消费品所使用的税率是固定的，只有在兼营不同税率的应税消费品的情况下，纳税人才能选择合适的销售方式和核算方式，达到适用较低的消费税、减轻税负的目的。由于税法规定，为分别核算销售额、销售数量，或者将不同税率的应税消费品组成成套消费品出售的，应从高使用税率，因此，当企业兼营不同税率的应税消费品时，应当分别核算不同税率应税消费品的销售额、销售数量，从而降低税负。

【拓展阅读】

税法对不同等级的应税消费品进行定价筹划的规定

应税消费品的等级不同，消费税的税率也不同。而等级的税法确定标准是单位价格，即等级越高，单位定价越高，税率较高。因此，纳税人可以根据市场供需关系和税负的多少，合理定价，达到使用低等级的税率，从而获得税收利益。

如利用关联企业转移定价。消费税的纳税行为发生在生产领域，而不是在流通领域或最终的消费环节，因而关联企业中生产应税消费品的企业，若以较低的价格将应税消费品销售给其独立核算的销售部门，则可以降低销售额，从而减少应纳税消费额；而独立核算的销售部门，由于处在销售环节，只缴纳增值税，不缴纳消费税，因而，这样可使集团的整体消费税税负下降。

【案例4-11】

分开核算的税务筹划（1）

某酒厂，最初是生产白酒，以当地生产的大米和玉米为原料进行酿造，在市场上已有一定的知名度，拥有一定量的客户；后来为了占领市场和较好的利用其品牌效应，又以粮食酒为原料，开发了药酒。

2010年度，酒厂整个销售量为200吨，销售额为6000万元，其中粮食白酒销售数量为100吨，销售额为4000万元，药酒销售数量为100吨，销售额为2000万元。该酒厂财务向税务机关报税，认为白酒按照复合计税，适用于20%的税率比例税率和0.5元/500克定额税率，该酒厂今年应缴纳的消费税为：

$6000 \times 20\% + 200 \times 0.1 = 1220$（万元）

事实上，该酒厂生产粮食白酒和药酒，是适用于不同的消费税率。税法规定只有粮食白酒和薯类白酒才是按照复合计税，其他酒并不是按照复合计税的方式计税，并且其他酒的税率为10%。

所以经过筹划后,该酒厂应缴纳的消费税为:

$4000 \times 20\% + 100 \times 0.1 + 2000 \times 10\% = 1010$(万元)

可见,酒厂分开计税的方式为酒厂节税 210 万元。

【案例 4-12】
分开核算的税务筹划(2)

某企业为增值税一般纳税人,其经营种类繁多,包括化妆品、护肤护发用品、痱子粉、爽身粉和民用洗涤灵等日常用品。某月,该企业向一小规模纳税人销售化妆品 20 万元、痱子粉和爽身粉 5 万元、民用洗涤灵 10 万元,开具了普通发票。当月可抵扣的进项税额是 3 万元。

该企业的财务人员计算本月应缴纳的消费税如下:

应纳消费税 $= (20 + 5 + 10) \times 30\% = 10.5$(万元)

应纳增值税计算如下:

应纳增值税 $= (20 + 5 + 10) \div (1 + 17\%) \times 17\% - 3 = 2.09$(万元)

该企业该月生产成本为 25 万元,企业收入为 35 万元,算上消费税和增值税,企业已处于亏损状态。

我们可通过税务筹划重新计算企业应缴纳的税款:

第一,按照消费税法对护肤护发具体征税的说明,痱子粉、爽身粉和民用洗涤灵不属于消费税的征收范围,无需征收消费税,只需要缴纳增值税即可。

第二,我国消费税条例实施细则规定:应税消费品的销售额不包括应向购货方收取的增值税税款。如果纳税人应税消费品的销售额中未扣除增值税税款或者因不得开其增值税专用发票而发生价款和增值税税款合并收取的,在计算消费税时,应当换算为不含增值税税款的销售额。其换算公式为:

应税消费品的销售额 = 含增值税的销售额 $\div$(1 + 增值税税率或征收率)

此例中,该企业向小规模纳税人销售开具普通发票,则只能按 3% 的征收率换算,其应纳消费税额为:

应纳消费税额 $= 20 \div (1 + 3\%) = 19.42$(万元)

因此，该企业应缴纳的消费税为：

应缴纳的消费税 $= 19.42 \times 30\% = 5.83$（万元）

应缴纳的增值税为：$(20 + 5 + 10) \div (1 + 17\%) \times 17\% - 3 = 2.09$（万元）

经过税务筹划，为企业节税 4.67 万元，企业扭亏为盈。仅仅是税务的筹划就能帮助企业扭亏为盈。此外，如果该企业将产品销售给一般纳税人而不是小规模纳税人，应纳消费税额则可按照 17% 的税率换算，而不是 3%，又可帮助企业节税。

资料来源：www.canet.com.cn.

本章小结

消费税纳税人是在我国国境内生产、委托加工和进口应税消费品的单位和个人。由于消费税是间接税，征收范围较窄，只有税法中规定的应税消费品才需要交税，企业可以通过合并、不使用中间材料等筹划方式，避免成为消费税的纳税人。

目前我国消费税的课税模式有从价计税、从量计税和复合计税三种。消费税的计税依据有不同的筹划方式，包括自产自用的消费品的税务筹划、连续生产应税消费品的税务筹划、包装物的税务筹划、避免过高售价的筹划方式、销售数量的税务筹划以及延长纳税期的税务筹划。

消费税税率分为比例税率、定额税率和复合税率，消费税税率档次多，企业可通过进行必要的合并或分开核算以及分开包装，使其适用低税率，达到节税的目的。

第五章　营业税的税务筹划

娱乐业的促销方式有讲究

随着娱乐业越来越发达，娱乐业公司之间的竞争也越来越激烈，KTV市场的竞争尤为激烈，为了应对激烈的竞争，提升本公司的营业额，各KTV经常会举行各种方式的促销活动：会员卡优惠、消费券优惠、幸运抽奖等。

目前，高档俱乐部或者会所采用了发展会员的方式来开拓新业务，会员在入会的时候需要缴纳一定的会员费或保证金。按照税法有关规定，企业在收取保证金或者会员费时，就发生了营业税的纳税义务，必须对这笔收入缴纳营业税。会员在以后消费时，企业根据会员级别的不同给予相应的折扣，按照折扣后的营业额缴纳营业税。

如果顾客消费时使用企业赠送的消费券，可以直接抵减消费额，按照视同销售处理，必须全额缴纳营业税。

如果采用抽奖的方式促销，奖品为物品或者现金，奖金或奖品价值按照视同销售处理，需计入营业额纳税，对企业而言变相地增加了企业的运营成本；对于顾客而言，奖品属于偶然所得，需由企业按照税率代缴20%的个人所得税。

例如，王小姐在某量贩式KTV消费了10000元，她可以三种促销方式中任选其一：1. 使用会员卡消费，享受8折优惠；2. 获得2000元消费券；3. 获得价值2000元的奖品，三种不同方案缴纳的营业税如下：

方案一： 应缴纳的营业税 = $10000 \times (1 - 20\%) \times 20\% = 1600$（元）

方案二： 应缴纳的营业税 = $10000 \times 20\% + 2000 \times 20\% = 2400$（元）

方案三： 应缴纳的营业税 = $10000 \times 20\% + 2000 \times 20\% = 2400$（元）

在方案二中，企业还需为顾客代扣代缴个人所得税 = $2000 \times 20\% = 400$（元）

资料来源：杨坤. 娱乐业营业税的税务筹划及涉税风险分析 [J]. 商业会计，2011（4）.

【案例启示】 根据以上案例得知，在其他条件相同的情况下，发放会员卡不但可以使得客户直接享受折扣优惠，也为企业减轻了税负负担，有利于顾客再次来企业消费，对于顾客和企业都是一种比较理想的促销方式。在营业税的税务筹划与第四章所讲述消费税筹划一样可以从纳税人、计税依据及税率三个方面进行，但具体的操作又与其有什么区别呢？

本章您将了解到：

● 营业税纳税人

● 营业税的计税依据

● 营业税税率筹划思路

第一节　营业税纳税人的税务筹划

如果你不属于营业税纳税人，那么你就不用缴纳营业税。

——佚名

一、谁是营业税纳税人

(一)纳税人的界定

根据营业税暂行条例的规定,营业税是以在我国境内的单位和个人提供劳务、转让无形资产或销售不动产所取得的营业额、转让额和销售额为征税对象的一种税。营业税的纳税人是指在中国境内提供应税劳务、转让无形资产或者销售不动产的单位和个人。

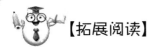 **【拓展阅读】**

提供应税劳务、转让无形资产与销售不动产

提供应税劳务是指在我国境内提供交通运输、建筑、金融保险、邮电通信、文化教育体育、娱乐、服务、转让无形资产和销售不动产共九类劳务。但不包括境内的保险机构为出口货物提供的保险业务;单位或者个体经营者聘用的员工为本单位或者雇主提供的劳务。

转让无形资产是指转让无形资产的所有权或使用权的行为,包括转让土地使用权、转让商标权、转让专利权、转让非专利技术、转让著作权和转让商誉,但是以无形资产投资入股,参与接受投资方的利润分配、共同承担风险的行为,不征收营业税,在投资后转让其股权的也不征收营业税。

销售不动产是指有偿转让不动产所有权的行为,包括销售建筑物或构筑物和销售其他土地附着物。在销售不动产时连同不动产所占土地使用权一并转让的行为,按销售不动产征收营业税,但以不动产投资入股,参与接受投资方利润分配、共同承担风险的行为,不征收营业税,在投资后转让其股份的也不征收营业税,单位将不动产无偿赠予他人,视同销售不动产征收营业税,对个人无偿赠送不动产的行为不征收营业税。

（二）纳税范围

纳税人是指在中国境内提供应税劳务、转让无形资产或者销售不动产的单位和个人。只要是在中国境内发生以上应税行为的，则需缴纳营业税。

【拓展阅读】

税法的中国境内范围

（1）接受应税劳务的单位或者个人在境内。

（2）无形资产转让时，其受让方在中国境内。

（3）所转让土地的使用权在境内。

（4）所销售的不动产在境内。

二、营业税纳税人筹划思路

根据营业税暂行条例规定可以得出，要成为营业税的纳税人的征收对象，必须同时符合以下三个条件：[①]

第一，是在中国境内提供的应税劳务、转让无形资产或者销售不动产的单位和个人，才构成营业税的纳税人。如果是在境外发生以上行为，则不属于营业税的管辖范畴。

第二，提供的应税劳务、转让无形资产或销售不动产行为必须要属于营业税的九大税目的征收范围。如果这些行为不属于营业税的九大税目的征收范围，则无需缴纳营业税。

第三，所提供的应税劳务、转让无形资产或者销售不动产必须取得或等同取得货币、货物或者是其他经济利益。只有这三个条件同时具备，才会构成营业税的纳税人，纳入营业税的征收范围。

---

① 计金标. 税务筹划学 [M]. 北京：中国人民大学出版社，2010.

因此，企业可以充分利用这些规定，通过避免成为营业税纳税人来进行税务筹划。

（一）转移应税行为至境外

税法规定的在中国境内提供的应税劳务，是指使用地和使用环节在境内。境外单位或个人在境外向境内单位或个人提供营业税暂行条例中所规定的劳务，不征收营业税。由此可见，企业可以通过提供劳务，但不在境内使用的方式，从而使得应税劳务行为不属于营业税的管辖范畴；也可以通过在境外设立子公司、分公司等形式，使得劳务的发生地不属于境内，也使得企业无法构成营业税纳税人。

如运输业，对于起运地在境外，到达地在境内的业务，不征收营业税；建筑业中，境内纳税人在境外提供建筑设计等劳务，不征收营业税；境外单位或个人在境外为中国境内单位或个人提供建筑业劳务服务的，不征收营业税。

【案例5-1】
某建筑公司的税务筹划

A公司是国内知名的建筑企业，其在香港地区设有全资的子公司。B单位为开拓一项新业务，找A公司为其提供设计服务，合同标的为200万元。A公司应该如何做，才能免交营业税？

根据税法规定，建筑业中，境外单位或个人在境外为中国境内单位或个人提供建筑业劳务服务的，不征收营业税。因此，A公司可通过让B单位与其在香港地区的全资子公司签订合同，由香港地区的子公司为B单位提供设计服务，这样就不属于营业税的征收范畴，可以免交营业税。

（二）将有偿转让行为转化为内部交易形式

税法规定所提供的应税劳务、转让无形资产或者销售不动产必须取得或等同取得货币、货物或者是其他经济利益，才需征收营业税。如以无形资产或不动产投资入股方式，并接受利益分配，共担风险，不需征收营业税。企业在转让某项无形资产或不动产时，如对方的生产经营活动与其有一定的关联，对方又有此意愿，则可考虑将该项转让行为转变为投资入股行为，与其共同承担投资风险和取得利益分配；企业也可在投资入股以后，再行将该股权转卖，此时的股权转卖所取得的收益不属于营业税的征收范畴，企业无须为此缴纳营业税，从而为企业节税。

【案例 5-2】
资产转让的税务筹划

A 公司和 B 公司同属于增值税一般纳税人，A 公司和 B 公司经过协商，决定一起合作，共同建造房屋。A 公司、B 公司签订合同，约定：由 A 公司提供1000 平方米的土地使用权（价值 1000 万元），B 公司出资 1000 万元的方式建造房屋。建成的房屋由 A、B 两公司各分一半。

经过 2 年时间，房屋建成，一共有 600 套房屋，A 公司、B 公司按照合同约定，各自取得 300 套房屋。

如果按照该合同的约定，A 公司提供 1000 平方米的土地使用权的行为则构成了无形资产的转让行为，需要按 5% 的税率缴纳营业税；此外，如果 A 公司对取得的 300 套房屋销售，取得的房屋销售收入也需按 5% 的税率缴纳营业税。增加了企业负担。

如果 A 公司、B 公司改变合作的方式，改为：A 公司以提供 1000 平方米的土地使用权（价值 1000 万元），B 公司出资 1000 万元的方式，共同成立 C 公司，C 公司利用 A 公司提供的土地使用权和 B 公司的 1000 万元资金建房，房屋建好后，由 C 公司统一对外销售，在此期间的所有风险 A 公司、B 公司共同承担，销售房屋取得的收益各自占 50%。

以这种方式合作，实质并未改变，但按照财税字〔2002〕191 号文件规定，A 公司提供的 1000 平方米的土地使用权则纳入了免征营业税的范畴，只需要对销售房屋的收入缴纳营业税，节约了一大笔税款。

（三）采用兼营及混合销售方式

企业可采用兼营及混合销售的方式，选择成为增值税纳税人还是营业税纳税人，看哪种身份对企业更有利，详见第三章第一节"增值税纳税人与营业税纳税人的税务筹划"的有关内容。

第二节　营业税计税依据的税务筹划

降低营业额和减少流转环节是营业税计税依据筹划的两大制胜法宝。

——佚名

一、营业税计税依据概述

（一）营业税计税依据

营业税的计税依据就是营业额，包括纳税人提供应税劳务、转让无形资产、销售不动产所收取的所有价款和价外费用。其中，价外费用是指向对方收取的手续费、基金、补贴、集资费、代收款项、代垫款项、违约金、滞纳金以及各种形式的价外收费等。

【拓展阅读】

遇下列情形营业额的计算方式

（1）纳税人将承揽的运输业务分给其他单位或者个人的，以其取得的全部价款和价外费用扣除其支付给其他单位或者个人的运输费用后的余额为营业额。

（2）纳税人从事旅游业务的，以其取得的全部价款和价外费用扣除替旅游者支付给其他单位或者个人的住宿费、餐费、交通费、旅游景点门票和支付给其他接团旅游企业的旅游费后的余额为营业额。

（3）纳税人将建筑工程分包给其他单位的，以其取得的全部价款和价外费用扣除其支付给其他单位的分包款后的余额为营业额。

（4）外汇、有价证券、期货等金融商品买卖业务，以卖出价减去买入价后的余额为营业额。

（5）国务院财政、税务主管部门规定的其他情形。

（二）营业额应纳税额计算公式

纳税人提供应税劳务、转让无形资产或者销售不动产，按照营业额和规定的税率计算应纳营业税额。其计算公式如下：

应纳营业税额 = 营业额 × 税率

二、营业税计税依据的税务筹划

（一）营业税基本筹划思路

1. 降低营业额

根据应纳营业税额的计算公式可得出，在税率一定的前提下，营业额越小，则所需缴纳的应纳营业税款越少。营业额是纳税人提供应税劳务、转让无形资产、销售不动产向对方收取的全部价款和价外费用。营业额由提供劳务、转让无形资产和销售不动产的定价价款和价外费用两部分构成，企业在合法和不损害本企业利益的前提下，可通过要求购买方提前付款、包工包料等合理方式降低产品定价，或降低不必要费用而减少价外费用的方式降低营业额，达到节约税款的目的。

【案例 5-3】

降低营业额税务筹划

A 公司是一家汽车租赁公司，有各种车型可供出租，适用于 5% 的营业税税率。B 公司为某物流公司，在运输旺季时，需要向 A 公司租赁货车承接市内运输业务，与 A 公司保持长期的合作关系。2008 年 7 月，B 公司向 A 公司租赁 5 辆 1.5T 货车 10 天，每天每辆货车的租赁费用为 1500 元，则该笔租赁业务的全部费用为 75000 元，为此，A 公司需要缴纳的营业税为：75000 × 5% = 3750（元）。

A 公司为了降低税负，主动调整各种车型租赁价格，将 1.5T 货车的出租价位降至 1200 元每天每辆，但是要求 B 公司预先缴纳 2 万元的保证金，并与其签订 3 年的租赁合同，B 公司由于获得了较低的汽车租赁价格，对此也没有异议。该笔租赁业务的营业税为：60000 × 5% = 3000（元），A 公司减少了 750 元营业税和获得了长期、稳定的业务。

2. 减少流转环节

营业税是流转税，流转环节越多，需要缴纳的营业税额就越大，流转环节越少，需要缴纳的营业税额就越少。企业只要取得营业额，那么就需要缴纳营业税，而不管支出的成本、费用等。因此，企业应尽量减少不必要的流转环节，降低税负。

【案例 5-4】

减少流转环节纳税筹划

A 公司是一家房地产开发公司，在 2009 年建造了一幢商务楼，B 公司准备向 A 公司购买。双方签订购买协议，协议中规定：A 公司按照 B 公司的要求，将该幢商务楼装修后再交付给 B 公司使用，房屋价款和装修费用合计为 30000 万元，A 公司本身没有装修公司，不承接装修业务，于是将该笔装修业务交付给 C 装修公司负责，装修工程价款为 5000 万元。

如果不进行筹划，则需要缴纳的税款为：

A 公司应纳营业税额 = 30000 × 5% = 1500（万元）

应纳城市维护建设税及教育附加费 = 1500 × (7% + 3%) = 150（万元）

A 公司合计应纳税额 = 1500 + 150 = 1650（万元）

C 公司应纳营业税额 = 5000 × 3% = 150（万元）

应纳城市维护建设税及教育附加费 = 150 × (7% + 3%) = 15（万元）

C 公司合计应纳税额 = 150 + 15 = 165（万元）

如果 B 公司与 C 装修公司直接签订装修合同，由 B 公司直接将 5000 万元装修款直接交给 C 公司，A 公司不再参与装修工程，B 公司只是与 A 公司签订商务楼买卖合同，B 公司只需支付 25000 万元给 A 公司，在这种情况下，C 公司的应纳税额不变，A 公司的应纳税额为：

A 公司应纳营业税额 = 25000 × 5% = 1250（万元）

应纳城市维护建设税及教育附加费 = 1250 × (7% + 3%) = 125（万元）

A 公司合计应纳税额 = 1250 + 125 = 1375（万元）

A 公司节约税款 = 1650 - 1375 = 275（万元）

当然，这种条件下，B 公司可能会遇到这样的风险：C 公司在装修时遇到房屋质量问题时，A 公司与 C 公司互相推卸责任。A 公司可将节约下来的税款适当让利给 B 公司，并在合同中约定出现问题时的处理方法，抵消部分风险，令双方受益。

资料来源：梁文涛. 营业税的纳税筹划探讨 [J]. 纳税筹划，2010（4）.

（二）各个行业税务筹划

此外，根据有关税法的规定，营业税在对一些特殊纳税行为的营业额的基础上作出了特殊规定，也为营业税税务筹划提供了机会。

1. 交通运输业

对于交通运输业来说，运输企业承接将旅客或货物从我国境内运至境外的业务时，如在境内旅客或货物是由运输企业自行承运，在境外改用其他企业承运旅客或者货物的，以全程运费减去付给该承运企业的运费后的余额为营业额；运输企业从事联运业务时，用营业收入扣除所有需支付给其他单位和个人的运输费用后的余额为营业额。因此，企业根据这个规定就有了税务筹划的机会，企业可以与合作的企业协商，将其他合作承运人承担运费的部分扩大，再通过其他形式补偿因高费用带来的损失，从而达到减轻税负的目的。

【案例5-5】

运输业营业税计税依据税务筹划

甲集团公司投资成立了两家运输公司，分别是A公司与B公司，A公司在中国境内注册，主要提供国内运输服务；B公司在境外C国注册，主要是在C国境内提供运输服务。两家公司彼此有业务往来。如果A公司有承运从中国境内运往C国的运输业务，则主要运输服务由A公司提供，A公司收取客户货物总价值的10%作为运费报酬，在C国境内的服务则由B公司承担，A公司提取运费总额的10%给B公司作为C国境内运费报酬。

出于节税目的，A公司会尽可能地利用与B公司关联企业的关系，扩大国外承运部分的运费，尽可能地缩小运费总额，达到减轻税负的目的。

如A公司这次接了国内乙公司的一笔承运业务。乙公司要求A公司将货物由中国境内运往C国，运输费总额为160万元，其中付给B公司16万元。由于出境的票据多是由运输公司自己制作，因此A公司跟乙公司如此签订合同：乙公司支付A公司运费支付140万元，20万元的运输费则由国内乙公司用同等价值的实物作价；对于应该付给B公司的16万元运费，则在合同中标明：应付B公司境外运费按总运费的30%支付。

现在计算筹划前与筹划后应纳营业税的差别：

筹划前应纳营业税计算如下：

实际营业额 = 总运费 – 境外运费 = 160 – 16 = 144（万元）

应纳营业税额 = 144 × 3% = 4.32（万元）

筹划后应纳营业税计算如下：

筹划后营业总额 = 140 - 42 = 98（万元）

应纳营业税额 = 98 × 3% = 2.94（万元）

节约税款额 = 4.32 - 2.94 = 1.38（万元）

可见，经过筹划，总共少缴纳营业税 1.38 万元。

2. 建筑业

建筑业营业税计算比较复杂，按照税法规定，从事建筑、安装工程的纳税人，无论采用哪种结算方式，计税依据都必须包含工程原材料价款、工程使用的其他物资和动力价款。按照该规定，纳税人确定营业额时，建筑和安装所有的原材料等物资以及动力价款都应包括在内，所以应严格地控制工程原材料的价款，避免浪费，降低营业额，从而达到减轻税负的目的。从事安装工程作业的，凡所安装的设备价值作为安装工程产值，营业额包括设备价款，这就要求建筑安装企业在从事安装工程作业时，应尽量不将设备价值作为安装工程产值，可由建设单位提供机器设备，建筑安装企业只负责安装，取得的只是安装费收入，使得营业额中不包括所安装设备价款，从而达到减轻税负的目的。

【案例 5-6】

建筑业营业税计税依据税务筹划（1）

甲公司是某地区一家知名建筑企业，乙公司为引进人才，改善职工福利，需要建造一批职工住房。乙公司找到甲公司，将该职工住房建设工程承包给甲公司。有两种合作方式可供选择：一是包工不包料的方式，建筑工程所需材料由乙公司负责购买，材料总价为 800 万元，乙公司只需要支付工程承包价为 1000 万元；二是包工包料的方式，即建筑工程所需的一切材料都由甲公司提供，甲公司由于是建筑公司，与一些材料提供商有长期的合作关系，又熟悉建材市场，同档次的商品，甲公司可比乙公司以更低的价格买入，材料总价只需 700 万元。

双方应该采取哪种方式更为有利？

根据营业税暂行条例规定，从事建筑、修缮、装饰工程作业，无论采取何种结算方式，工程所需原材料的价款、其他物资和动力价款均计入营业额内，因此，如采取包工不包料方式，甲公司应缴纳的营业税为：

应纳营业税 = 1800 × 3% = 54 （万元）

如采用包工包料方式，甲公司应缴纳的营业税为：

应纳营业税 = 1700 × 3% = 51 （万元）

可见，这样能够为甲公司节税 3 万元。此外，如采用包工包料方式，工程总价变为 1700 万元，为乙公司节省 100 万元，乙公司可在签订合同时详细约定使用材料的品牌及型号，并在建筑过程中及时跟进，确保工程用料质量，既节省了人力，又减少资金支出，双方均受益。

【案例 5-7】

建筑业营业税计税依据税务筹划（2）

某建筑公司中标一大厦安装工程，包括电梯、中央空调、土建及室内外装修，工程总价为 3000 万元，其中电梯价款 100 万元，中央空调 250 万元，土建及外装修价款 2650 万元。该建筑公司应该如何签订合同对公司更有利？

如果该建筑公司与大厦签订合同时，将电梯和中央空调的价款作为建筑安装工程产值，根据税法规定，从事安装工程作业的，凡所安装的设备价值作为安装工程产值，营业额包括设备价款，则需缴纳营业税为：

应纳营业税 = 3000 × 3% = 90 （万元）

如果该建筑公司仅与大厦签订土建及内外装修的建筑工程合同，则应交的营业税为：

应纳营业税 = 2650 × 3% = 79.5 （万元）

则可节约税款 = 90 - 79.5 = 10.5 （万元）

如果仅与大厦签订土建及内外装修的建筑工程合同，改由该大厦提供电梯及中央空调设备，建筑公司仅负责安装，收取安装收入，则可为公司节约税款 10.5 万元。

3. 旅游业

旅游业以全部收费减去为旅游者支付给其他单位的食宿费用和交通费用、门票费和其他代付费用后的余额为营业额。组织旅游团到中国境外旅游，在境外改由其他旅游企业接团的，或者组织旅游团到中国境内旅游，改由其他旅游企业接团的，以全程旅游费减去付给该接团的旅游费后的余额为营业额。各旅游团通过彼此之间的配合进行税务筹划，降低税负。

【案例 5-8】

旅游业营业税计税依据税务筹划

A 旅行社是中国境内的一家旅行社，承接国内外旅游业务。该旅行社韩国 5 日游报价为 6000 元/人，在韩国境内的接待由韩国境内的 B 公司负责，B 公司也是一家文化交流公司，A 旅行社和 B 公司签订合同：A 旅行社支付给 B 公司每人 4000 元的服务费用。某月，A 旅行社组织了 100 人的旅行团赴韩。

按照营业税暂行条例规定，A 旅行社该次组织 100 人的旅行团赴韩应缴纳的营业税为：

应纳营业税 = (6000 − 4000) × 100 × 5% = 10000 （元）

事实上，韩国的 B 公司作为一家文化交流公司，会组织人员来中国访问交流，A 旅行社是其在中国的友好合作单位。不久后，正好要组织一批人员来中国，由 A 旅行社负责接待服务，该笔 4000 元的费用实际上根本就没有支付给 B 公司，而是以 A 公司提供同等价值的服务交换。如此的话，双方通过互利合作，扩大了境外旅游企业要支付的费用，节约了营业税。

4. 娱乐业

娱乐业以向顾客收取的各项费用，包括门票、台位费、烟酒、饮料以及经营娱乐业的各种收费为营业额，娱乐业是目前唯一采用幅度税率的行业，税率为 5%~20%，具体的营业税率则根据企业所在省、自治区或直辖市人民政府规定执行。税法规定，纳税人兼营不同税目应税行为的，应当分别核算不同税目的营业额、销售额、转让额，然后按各自适用的税率计算应纳税额；未分别核算的，将从高适用税率计算应纳税额。

娱乐业营业税目前还存在税目界定模糊等问题，如茶座在税目上明确属于服务业，音乐茶座在税目上明确属于娱乐业，但是在企业实际经营过程中，二者经营内容大致相同，税务机关很难做出明确区分。企业可以通过分开核算、征管弹性利用以及与税务局良好的关系而选择较低税率来进行税务筹划。

【案例 5-9】

娱乐业营业税计税依据税务筹划

某家宾馆附设经营一家卡拉 OK 歌舞厅。某年度，宾馆服务营业收入为 800 万元，歌舞厅营业收入 200 万元，若分别核算，应纳营业税为：

应纳营业税 = 800 × 5% + 200 × 20% = 80（万元）

但是，若没有分开核算，从高适用税率，应纳营业税为：

应纳营业税 = (800 + 200) × 20% = 200（万元）

显然，分别核算就可以节税 200 - 80 = 120（万元）。

5. 不动产和无形资产

企业销售不动产和转让无形资产时，可以通过交易合同的法律安排，尽量减少流转环节，从而降低营业税负来进行税务筹划。

【案例 5-10】

不动产计税依据税务筹划

A 企业与 B 企业长期有业务往来，A 企业准备将一套商品房无偿赠送给 B 企业，该套商品房价值 100 万元。但是，按照税法规定，该赠送行为视同销售，需要按 5% 的营业税率缴纳营业税，即需要缴纳 5 万元的营业税。但如果 A 企业可以通过筹划，先将此商品房转为 A 企业某员工的个人财产，再通过个人将此房赠送给 B 企业。如此一来，既为公司减少了税务支出，也有利于两企业的今后来往。

第三节　营业税税率的税务筹划

营业税的税率筹划：一是利用优惠政策减免营业税；二是通过业务流程转变适用低税率，达到税负减轻目的。

——佚名

一、营业税税率基本知识

营业税的税目按照行业和类别的不同分别设置，现行营业税共设置了 9 个税目，三档税率。按照行业、类别的不同分别采用了不同的比例税率。

二、营业税税率筹划思路

（一）充分利用税收优惠

根据有关税法，营业税的免税项目主要包括：托儿所、幼儿园、养老院、残疾人福利机构提供的养育服务、婚姻介绍、殡葬服务；残疾人员个人提供的服务，即残疾人员为社会提供的服务；医院、诊所和其他医疗机构；学校和其他教育机构的教育服务，学生勤工俭学提供的劳务；农业机械、排灌、病虫防治；植保、农牧保险业以及相关技术培训业务；家禽、牲畜、水生动物的配种和疾病防治。纪念馆、博物馆、文化馆、文物保护单位管理机构、美术馆、展览馆、书画院、图书馆举办文化活动的门票收入，宗教场所举办文化、宗教活动的门票收入；境内保险机构为出口货物提供的保险产品。

企业如果兼营这些免税项目的，则可以进行单独核算，从而享受这些税收优惠，降低税负。

【案例 5-11】

利用税收优惠政策的税务筹划

某企业原来是一家小型的旅店，由于该地区有著名的旅游景点，最近几年旅游业发展兴旺，创始人通过辛苦经营，抓住发展时机，企业现已初具规模。为了配合旅游市场的发展，扩大自身经营业务，该企业决定再成立一家餐饮店和旅行社。

在企业成立的初期，为了解决本社区残疾人的就业问题，接收和安置了不少聋哑人作为企业员工，从事他们力所能及的后勤服务，因此，企业负担较重。在这种情形下，还需开设新的餐饮店和旅行社，该企业负责人希望能通过税务筹划，减轻部分税务负担。

该企业原有员工 100 人，其中聋哑员工有 28 人。根据国税发〔1994〕155 号，安置的"四残"人员占企业生产人员 35% 以上的（含 35%）民政福利企业，其经营属于营业税"服务业"税目范围内（广告业除外）的业务，免征营业税。现在聋哑员工已占企业人员的 28%，只需要再招聘 7 名聋哑员工，从事后勤服务，"四残"人员在全部员工中所占比例达到了 35%，即可达到税法关于减免营业税优惠的规定。

资料来源；www.51kj.com.cn.

【案例 5-12】

利用不需要办理税务登记的内设机构的税务筹划

某宾馆准备将其所有的一间饭店出租，该饭店的房产原值 500 万元。经过招标、投标等程序，宾馆的职工小王获得了该饭店的 6 年承租权。该宾馆与小王约定，小王每年交 50 万元租金给宾馆，小王财务上独立核算，拥有独立的生产经营权。

筹划前宾馆应纳税额：

应纳营业税 = 50 × 5% = 2.5 （万元）

应纳城建税和教育附加税 = 2.5 × (7% + 3%) = 0.25 （万元）

应纳房产税 = 50 × 12% = 6 （万元）

针对饭店出租该项业务，宾馆总共需要交税 8.75 万元。

如果宾馆仍然把饭店当成是内部机构，不与小王签订正式租赁合同，小王也不办理营业执照和税务登记证，仍然以该宾馆的名义对外经营，小王将租金以管理费的名义上缴给该宾馆，如此一来，宾馆就不用缴纳由于租金收入产生的营业税、城建税和教育附加税及房产税，只需负担房产原值部分的房产税，极大降低企业税负。当然，以这种方式合作，宾馆需要承担由于小王经营饭店不善而对其宾馆名誉造成的风险。

资料来源：http：//www.lcacc.net/Show_News.aspx.

（二）征税项目转换

征税项目转换是指纳税人本着税收负担最小化，采用一定的方法，将某一征税项目转化为另一种征税项目，以降低税收负担的方法。在同一税种内，不同征税项目往往适用不同的税率，而且税法对各个税目的具体范围及界限都有明确的规定，但在现实生活中，这个界限有时是模糊的，甚至可以进行相互之间的转化。

如服务业的税率为 5%、交通运输业的税率为 3%、邮电通信行业的税率为3%、建筑业的税率为 3%、文化体育业的税率也为 3%，如果在实践过程中，双方调整合作方式，或改变某些条件和服务方式，将原属于适用服务业的营业税率，转化为适用交通运输业、建筑业，或者是文化体育业等的税率，能有效地减轻企业税负。

【案例 5-13】

征税项目转换税务筹划

A 企业准备使用 B 企业的一项专利技术建造一设备，经双方协议，A 企业支付 100 万元的技术使用费给 B 企业。如果签订专利使用合同的话，则属于无形资产转让收入，按规定必须按 5% 的税率缴纳营业税，即需纳税 5 万元；如果签订工程设计合同，则属于建筑业了，按规定是按 3% 的税率缴纳营业税，即只需纳税 3 万元。经过筹划，只需在签订合同的时候注意选择，通过营业税征收项目的转换，能为企业节税 2 万元。

本章小结

　　营业税的纳税人是指在中国境内提供应税劳务、转让无形资产或者销售不动产的单位和个人。营业税的总体筹划思路是避开成为营业税的纳税人，具体可通过转移应税行为至境外、将有偿转让行为转化为内部交易形式或采用兼营及混合销售方式等方式实现。

　　营业税的计税依据是纳税人提供应税劳务、转让无形资产、销售不动产向对方收取的全部价款和价外费用；营业税的基本筹划思路是降低营业额和减少流转环节。不同行业筹划的方式也各有差异。

　　现行营业税共设置了 9 个税目，三档税率，基本的筹划思路是充分利用税收优惠和业务流程转变适用低税率，达到税负减轻目的。

第六章　企业所得税的税务筹划

西部投资有讲究，税收优惠有帮助

随着国家对西部大开发的日益重视，出台了各种政策促进西部大开发，在这种形势下，东方集团计划投资西部，并制定了项目可行性研究和项目评估。东方集团以制药业为主，按照预测分析，在初始 4 年，东方集团的产品在西部地区的销售总额可达到 3000 万元，增值税税率为 2%，净利润率可达 11%。如果在西部建立产品的生产基地，建设期为一年，需投资 4000 万元，但生产基地建成后年销售收入可达 1.2 亿元。

由于受到企业投资资金的限制，东方集团初始投入资金只有 100 万元，离建立生产基地的资金需求差距较远，东方集团只能选择先在西部设立产品营销网点，销售本公司产品。建立营销网点有三种不同的形式可供选择：一是企业办事处；二是销售分公司；三是销售子公司。虽然只是建立营销网点，但不同的形式税收待遇有所差异。

1. 企业办事处

办事处分为帮办型和经营型两种，帮办型办事处规模小，只是负责帮企业推销产品，客户货款直接汇往公司总部，发票和发货都由总公司负责；经营型办事处在当地办理了税务登记和一般纳税人资格认定，自设仓库，规模较大，销售额也高。两种办事处各有优越点：帮办型办事处无法直接开具发票，发货也不由它控制，因此在效率上无法占优势，优点在于没有税负；经营型办事处虽然自行开具发票，发货也由自己控制，但是要缴纳增值税、所得税和地方各税，虽然效率提高了，但是价格上就丧失了优势。

2. 销售分公司

销售分公司不具有独立法人资格，其许多费用都由总公司承担，在当地可以取得增值税一般纳税人资格，在当地缴纳流转税，所得税经审批可由公司负责缴纳，税负负担相对较轻。

3. 销售子公司

销售子公司具有独立的法人资格，可自行开展各种投资和经营活动，自主权大，独立纳税，但其利润属于总公司的投资所得，必须上缴总公司。

从以上分析得知，就长远发展而言，东方集团应以研究开发新药为主，以设立生产型的子公司为目标，如能获取高新企业认证，即可进入西安高新技术产业开发区，享受各种税收优惠。优惠政策包括投产前后两年免税，两年后按15%的优惠税率计征所得税。子公司的税后利润上缴至总公司，这部分收入可看成是总公司的投资所得，对于因税收优惠而导致的税负差额也无需补税。具体筹划如下：

东方集团可先用100万元成立销售子公司，在4年内，子公司无需将税后利润上缴至总公司，可将这部分资金留用于自我投资和发展。前4年的税负和效益如表6-1所示（只考虑增值税和所得税）。

表6-1 前4年所得税负和效益

单位：万元

年度	年销售额	税前利润11%	增值税2%	所得税25%	税后利润
第1年	3000	330	60	82.5	247.5
第2年	3000	330	60	82.5	247.5
第3年	3000	330	60	82.5	247.5
第4年	3000	330	60	82.5	247.5
合计	12000	1320	240	330.0	990.0

从第4年开始，自筹资金1000万元，银行贷款3000万元，建设生产基地。从销售公司转型为生产子公司后，其税负和效益如表6-2所示（计算4年）。

表6-2 税负和效益

单位：万元

年度	年销售额	税前利润11%	增值税2%	所得税15%	税后利润
第1年	12000	1320	240	198	1122
第2年	12000	1320	240	198	1122
第3年	12000	1320	240	198	1122
第4年	12000	1320	240	198	1122
合计	48000	5280	960	792	4488

据以上分析得知，东方集团以100万元的投资资金，在短短的五年内，销售子公司可成功转型成生产型子公司，形成资产总额3000万元以上，集产品开发、生产、销售于一体的生产型高新技术企业，转型后4年时间，企业缴纳所得税792万元。如果维持原来的经营模式，经营指标相同，4年间总计纳税1320万元。仅企业所得税一项即可节约528万元，并可基本还清银行贷款。通过比较分析，最后，东方集团决定在西部先设立销售型子公司，后设立生产型子公司。

资料来源：阮家福.税收筹划案例［M］.北京：中国财政经济出版社，2008.

【案例启示】东方集团充分利用了地区优惠政策和新建商贸企业可减免企业所得税1年的税收政策，先成立销售型子公司迅速形成公司积累，为公司的长期发展奠定基础。在企业所得税的税收筹划中，除了利用地区优惠政策外，还可以通过转换所得税纳税人的身份、选择不同的计税依据以及利用企业重组进行有效的税务筹划，减轻企业的税负负担。

本章您将了解到：

● 企业所得税纳税人

● 所得税收入项目和扣除项目税务筹划

● 所得税税务筹划的方式

第一节 所得税纳税人的税务筹划

世上最难理解的是所得税。

——阿尔伯特·爱因斯坦

一、企业所得税纳税人概述

根据企业所得税法的规定，企业所得税是以企业取得并生产经营所得和其他所得为征税对象所征收的一种税。

企业所得税的纳税人是指我国境内的企业及其他取得收入的组织。对于个人独资企业和合伙企业不适用企业所得税法。

根据《中华人民共和国企业所得税税法》规定，企业所得税的纳税人分为居民企业和非居民企业。其中，居民企业是指依法在中国境内成立，或者依照外国（地区）法律成立但实际管理机构在中国境内的企业；非居民企业是指依照外国（地区）法律成立但实际管理机构不在中国境内，但在中国境内设立机构、场所，或者在中国境内未设立机构、场所，但有来源于中国境内所得的企业。

与此同时，企业所得税法对不同的纳税人规定了不同的纳税义务。其中，居民企业，不论其所得来源于中国境内还是境外，都必须就其所得缴纳所得税；非居民企业在中国境内设立机构、场所的，应当就其所设机构、场所取得的来源于中国境内的所得，以及发生在中国境外但与其所设机构、场所有实际联系的所得，缴纳企业所得税；非居民企业在中国境内未设立机构、场所的，或者虽设立机构、场所但取得的所得与其所设机构、场所没有实际联系的，应当就其来源于中国境内的所得缴纳企业所得税。

根据企业所得税法的规定，对于在中国境内设有机构、场所且所得与机构、场所有关联的居民企业，适用企业所得税的基本税率为 25%；对于在中国境内未设立机构、场所的，或者虽设立机构、场所但取得的所得与其所设机构、场所没有实际联系的非居民企业，适用企业所得税的基本税率为 20%。

二、企业所得税纳税人的税务筹划

（一）利用不同的组织形式的税务筹划

根据企业所得税法的规定，只有公司企业才适用企业所得税，而个人独资企业和合伙企业不适用企业所得税。因此，在建立一个新企业时，投资者可以根据自身的实际情况，选择适合自身的企业组织形式进行税务筹划。目前在我国，企业的组织形式一般分为三种形式：个人独资企业、合伙企业和公司企业。它们在所得税的缴纳上存在着不同，其中，个人独资企业、合伙企业从 2000 年 1 月 1 日起，比照个体工商户的生产经营所得，适用 5%~35% 的五级超额累进税率，计算征收个人所得税。而公司企业需要缴纳企业所得税，如果向个人投资者分配股息、红利的，还要代扣其个人所得税。

一般来说，个人独资企业、合伙企业仅缴纳个人所得税，不存在重复征税的问题，而公司企业不仅缴纳企业所得税，而且还要缴纳个人所得税，因此，从总体税负上看，公司企业要高于个人独资企业和合伙企业。但是国家出台的一些税收优惠政策基本上是面向公司企业的，如国税发〔1997〕198 号文就规定，股份制企业，股东个人所获资本公积转增股东所得，不征个人所得税。但其他的公司组织形式就无法享受该税收优惠。

除了考虑税收因素，在选择某种组织形式时，企业还需考虑到由于选择不同企业组织形式所涉及的一系列因素，如资金需求、信用需求及利润和风险的承担方式等因素。综合衡量，选择在某个发展阶段中最符合企业需求和利益的组织形式。

（二）利用不同分支机构的税务筹划

企业在设置分支机构时，有子公司和分公司两种形式，它们在企业所得税的缴纳方面也存在着以下不同：

（1）子公司具有独立的法人资格，可自行独立开展各项经营活动，自负盈亏，独立纳税，可享受当地税收优惠政策。

（2）而分公司不具有独立的法人资格，不能够独立缴纳企业所得税，需要由总公司进行合并纳税，无法享受当地税收优惠政策。

（3）当分公司有亏损时，分公司与总公司可以互相抵消盈亏，使得应纳税所得额减少，降低企业总体税负；缺点是无法享受当地税收优惠政策；而子公司却完全相反，子公司独立承担税收义务，享受当地的税收优惠政策，但万一子公司亏损时，也无法与总公司互相抵消盈亏。所以，企业可以利用子公司和分公司企业所得税的缴纳方面的不同来进行税务筹划。

当然，企业也需要综合考虑由于设立分公司和子公司两种不同形式的分支机构所导致的管理成本和利润分配等问题，综合衡量，整体利益最大化是其决策的基本原则。

【案例 6-1】

不同分支机构的税务筹划（1）

A 集团由一个母公司和一个子公司组成，均适用于 25% 的所得税税率。本年度母公司的利润总额为 400 万元，而子公司亏损了 60 万元。

如果不筹划，因子公司亏损无须缴税，则 A 集团应缴纳的所得税就是母公司需要缴纳的所得税，为：

母公司应纳所得税 = 400 × 25% = 100 （万元）

如果通过筹划，将该子公司设置为分公司，则：

A 集团应缴所得税 = （400 - 60）× 25% = 85 （万元）

比较计算结果可知，将子公司转换为分公司可以节省税款 15 万元。

【案例 6-2】

不同分支机构的税务筹划（2）

A 公司有两家子公司，分别为 B 公司和 C 公司，它们均为生产型企业，且都位于经济特区，享受税收优惠。其中 B 公司为 A 公司的全资控股子公司，并且在 C 公司占有 50% 的股份。在对两家公司的管理过程中，A 公司产生了大量的管理费用，但是由于 A 公司并不从事营业业务，产生的管理费用无其他途径可以弥补，所以 A 公司一直处于亏损状态。而 B 公司和 C 公司由于不承担此管理费用，在经营过程中，则一直保持较高的利润率，税负较重。为此，A 公司邀请了税务专家做了如下筹划，以减轻企业总体税负负担，为企业带来更大的经济效益。

A 公司使用所得税率为 30%，B 公司、C 公司享受 15% 的优惠税率，A 公司发生的年度费用为 6000 万元，没有应税收入，缴纳的所得税为零。B 公司的应税收入为 10000 万元，费用为 5000 万元，应纳所得税为 750 万元 [（10000 − 5000）× 15% = 750（万元）]；C 公司收入为 10000 万元，费用为 4000 万元，应纳所得税为 900 万元 [（10000 − 4000）× 15% = 900（万元）]。整体应缴纳所得税合计为 1650 万元。

如果 A 公司将其所承担的业务费用按照股权比例分别分配给 B、C 公司，B 公司应负担该部分的费用为 4000 万元，C 公司应负担部分的费用为 2000 万元。则 B 公司应缴纳的所得税为 150 万元 [（10000−9000）× 15% = 150（万元）]；C 公司应缴纳的所得税为 450 万元 [（10000−6000）× 15% = 450（万元）]。整体合计应缴纳所得税为 600 万元，比筹划前减少了 1000 万元的税负，极大地提高了整体的经济效益。

虽然 A 公司能将其所有费用分摊至其子公司，大大减少公司税负，但是税法规定，企业不得向其关联企业列支管理费用，即 A 公司不可以将其费用直接分摊至 B、C 公司，A 公司向 B、C 公司分摊费用，必须符合国家对于关联企业之间业务来往的规定，那么 A 公司应当如何进行筹划呢？

A 公司产生的费用可分为直接费用和间接费用两种，直接费用为确定服务对象的费用，如广告费、差旅费等，这种费用只要符合相关规定，就可以向B、C公司列支；间接费用包括内部培训费、交际应酬费等，这部分费用不可以直接向B、C公司列支，但是可以以"专业技术服务费"的方式向B、C公司收取，从而分配该部分费用。虽然采用该种方式，A公司会承担由此产生的营业税负，但是从公司整体利益考虑，减少的所得税仍然大于A公司所缴纳的营业税，整体税负得以减轻。

（三）纳税人身份转换的税务筹划

对于企业所得税的纳税义务人，税法中有作出明确的规定，也只有符合税法规定的、具有纳税义务的组织，才构成所得税的纳税义务人，需要缴纳企业所得税。我国税法中明确指出，企业所得税的纳税人必须是独立的法人单位，具有法人资格，才可以申报企业所得税。

企业可以通过筹划，改变纳税人的性质，使其不具备所得税纳税人的资格，不用缴纳企业所得税。

【案例6-3】

纳税人身份转换的税务筹划

某集团公司在2009年成立了一家A公司，从事高新技术产品开发，由于管理有方，开发产品符合市场需求，A公司自成立以来，一直处于盈利状态，2010年，年盈利为500万元，该集团公司将A公司注册成为独立法人公司，取得了法人资格。该集团公司还拥有另外一家B公司，具有法人资格，也是从事高新技术产品的开发，但是，由于种种原因，B公司一直处于亏损状态，2010年亏损额达到了200万元。

由于A、B公司都具有法人资格，因此，按照税法的规定必须缴纳企业所得税，高新技术企业适用的所得税率为15%。B公司由于处于亏损状态，不需要缴纳企业所得税，A公司应该缴纳的所得税为：

A公司应纳所得税 = 500 × 15% = 75（万元）

因此，A、B 两公司合计应缴纳所得税为 75 万元。

如果该集团公司将 B 公司变成 A 公司的分公司，B 公司不再具有法人资格，按照税法规定，分公司与母公司的盈亏可以互相抵消，应纳税所得额可以合并在一起计算，这样一来，B 公司就不需要单独纳税，A 公司、B 公司 2010 年企业应纳所得税额为：

应纳所得税 = (500 − 200) × 15% = 45（万元）

因此，通过改变 B 公司的纳税身份，为集团节税 30 万元。

第二节　所得税计税依据的税务筹划

税收上的任何特权都是不公平的。

——伏尔泰

一、企业所得税应纳税额的确定

根据企业所得税法的规定，企业应纳税所得额等于企业每一纳税年度的收入总额，减去不征税收入、免税收入、各项扣除以及允许弥补的以前年度亏损后的余额。其计算公式如下：

应纳税所得额 = 企业每一纳税年度的收入总额 − 不征税收入 − 免税收入 − 各项扣除 − 允许弥补的以前年度亏损。其中，收入总额是指企业以货币形式或非货币形式从各种来源取得的收入，包括销售货物收入、劳务收入、转让财产收入、股息红利等权益性投资收益、利息收入、租金收入、特许权使用费收入、接受捐赠收入和其他收入。收入总额内有不发生纳税义务的不征税收入、有享受减免税优惠的免税收入。

在收入总额中的下列收入为不征税收入：财政拨款；依法收取并纳入财政管理的行政事业性收费；政府性基金；国务院规定的其他不征税收入。

收入总额中的下列收入为免税收入：国债利息收入；符合条件的居民企业之间的股息、红利等权益性投资收益；在中国境内设立机构、场所的非居民企业从居民企业取得与该机构、场所有实际联系的股息、红利等权益性投资收益；符合条件的非营利公益组织的收入。

二、收入项目的税务筹划

根据以上规定，企业可以采用以下筹划方法：[①]

（1）对于企业已经发生的销售业务，其销售收入应适时入账。按照有关规定，不能记入收入类账户的则不要入账；能少记的，则少入账；能推迟入账的，尽可能延迟入账时间。

（2）对于企业还未发生的销售业务，不能预先入账，即不能根据合同、协议、口头约定等来预计任何可能形式的经济收益。

（3）对于无法分清是负债还是收入的业务，宁愿做负债处理，而不是做收入处理。

（4）对于无法分清是债权还是收入的业务，宁愿做债权增加处理，而不是做收入增加处理。

（5）对于无法分清是对外投资还是对外销售业务，宁选择做对外投资处理。

（6）如有理由可推迟确认的销售收入，则应尽可能的推迟确认该笔收入。

企业在确定收入时，在遵循权责发生制的原则的基础上，在处理以下收入时，应当注意：企业以分期付款方式销售商品的，其收入的实现日期为合同约定购买人应付价款的日期；企业受托加工制造大型机械设备、船舶、飞机以及从事建筑、安装、装配工程业务或者提供其他劳务等，持续时间超过 12 个月的，按

---

① 屈中标.企业所得税应纳税所得额税务筹划研究 [J].金融会计，2009（11）.

照纳税年度内完工进度或者完成的工作量确认收入的实现；采取产品分成方式取得收入的，按照企业分得产品的日期确认收入的实现，其收入额按照产品的公允价值确定；企业发生非货币性资产交换以及将货物、财产、劳务用于捐赠、偿债、赞助、集资、广告、职工福利或者利润分配等用途的，应当视同销售货物、转让财产或者提供劳务，但国务院财政、税务主管部门另有规定的例外。

【案例6-4】

收入项目的税务筹划

A企业的某种商品深受消费者欢迎，十分畅销，为了防止脱销，保持安全库存，该企业在2011年初分别以2000元、2100元、2200元和2300元购入了该商品。根据往年销售记录预测，每季度企业销售1万元商品，销售价格为3500元，由此所产生的成本费用为1000万元。该企业属于产值税一般纳税人，适用的所得税税率为25%，假设有无须缴纳其他税目，计算每季度预缴的企业所得税。

目前，企业有两种存货计价的方案。

方案一：先进先出法；

方案二：加权平均法。企业的资金成本率为12%。

两上方案的所得税总额都为350元。资金都有其时间价值，若每个季度的资金成本为3%，则方案一需要预交所得税额为：

应纳所得税额 $= 125 \div (1 + 3\%) + 100 \div (1 + 3\%)^2 + 75 \div (1 + 3\%)^3 + 50 \div$

$(1 + 3\%)^4 = 121.36 + 94.26 + 68.64 + 44.42 = 328.68$（万元）

方案二需要预交所得税额为：

应纳所得税额 $= 87.5 \div (1 + 3\%) + 87.5 \div (1 + 3\%)^2 + 87.5 \div (1 + 3\%)^3 + 87.5 \div$

$(1 + 3\%)^4 = 84.95 + 82.48 + 80.07 + 77.74 = 325.24$（万元）

由此可见，方案二的加权平均法会使企业近期成本增加，相对利润降低，从而递延纳税期限。可见，该方案可以减小企业预缴的应纳所得税额，帮助企业递延纳税，从而争取了资金的时间价值。

但是，若企业的原材料价格的价格趋势与此成反比的话，则采用先进先出法会对企业会更加有利。

三、扣除项目的税务筹划

企业在计算应纳税所得额时，除国家规定的成本、费用和损失准予从收入总额中减除外，还规定了某些准予列支的具体项目。纳税人可以充分利用这些具体项目进行税务筹划。

（一）准予扣除的项目

所得税准予扣除的项目是指纳税人在计算应纳税所得额时，法律规定准许纳税人从收入中扣除的实际发生的与取得收入有关的、合理的支出，包括成本、费用、税金和损失。

1. 成本

成本包括生产、经营成本，是企业为生产、经营产品和提供劳务、转让固定资产、无形资产等所发生的各项直接费用和各项间接费用。

2. 费用

费用是企业为生产、经营产品和提供劳务等所发生的销售费用、管理费用和财务费用。

3. 税金

税金是企业按照国家有关规定需要缴纳的消费税、营业税、城市维护建设税、资源税、土地增值税、关税等产品销售税金及其附加。

4. 损失

损失是企业生产、经营过程中的各项营业外支出、已发生的经营亏损和投资损失以及其他损失。

需要注意的是，实际发生的与取得收入无关的、不合理的支出，不应从收入总额中扣除。①

---

① 刘国宁，吴天明. 教你学纳税 ［M］. 上海：立信会计出版社，2008.

（二）利用固定资产折旧进行税务筹划

在固定资产折旧上有两大因素决定了折旧费用，即折旧年限和折旧方法，由于税法和会计法规对于固定资产在折旧年限和折旧方法上有很多选择，从而使分摊到各期固定资产的成本也存在着很大的差异，从而影响企业的应纳税所得额。在折旧年限和折旧方法的税务筹划中，应立足于使折旧费用的抵税效应得到最充分的发挥。然而在不同的企业内，应选择不同的折旧方法，这样才能使企业的所得税税负降低。

固定资产折旧的计算方法主要有：使用年限法、产量法、工作小时法和加速折旧法。其中，加速折旧法主要有双倍余额递减法和年数总和法。企业可自由选择固定资产的折旧方法和折旧年限。税法中规定，企业固定资产的折旧方法一般采用平均年限法；企业专业车队的客货汽车、大型设备等，可以采用工作量法；在国民经济中占有重要地位的企业，它的机器设备可以采用双倍余额递减法或年数总和法。

【拓展阅读】

税法对折旧的规定

（1）一般来说，对于盈利企业，其折旧费用能从当年的应纳税所得额中扣除，所以应选择最低的折旧年限和加速折旧方法，这样有利于加速固定资产投资的收回，使计入成本的折旧费用前移、应纳税所得额尽可能后移，相当于取得了一笔无息贷款，增加了资金的时间价值，变相降低了企业税负。

（2）对于正处于所得税税收优惠期间的企业，由于折旧费用的抵税效应会全部或部分地减免税收优惠，此时，选择较长时间的折旧年限或者较慢的折旧方法，会使得企业更充分地享受税收优惠，最低限度降低折旧费用对税收优惠政策的抵冲，从而达到降低企业所得税税负的目的。

（3）对于亏损企业，在确定最佳折旧年限和折旧方法时，需充分考虑企业亏损的税前弥补规定，保证折旧费用抵税效用能够得到充分的发挥。如果某一纳税年度的亏损额不能在今后的纳税年度得到税前弥补或不能完全得到税前弥补，则该年度折旧费用的抵税效应就不能发挥或不能完全发挥。在这种情况下，选择的折旧年限和折旧方法必须能够发挥折旧费用的抵税作用，所得税税负才会降低。

资料来源：高丽华.企业如何利用固定资产加速折旧进行纳税筹划［J］.航天财会，2011（1）.

【案例6-5】

固定资产折旧税务筹划

某企业拥有一台100万元的生产设备，残值按照原来的4%估算，预计使用年限为8年，所得税税率为25%。

如果按照直线法计算，年计提折旧额为：（100 – 100 × 4%)÷ 8 = 12（万元）

如果该企业资金成本为10%，因折旧而节约所得税支出，折合为现值为：12 × 25% × PVIFA（8，10%）= 16（万元）

如果企业将折旧期限缩短为6年，则年计提折旧额为：(100 – 100 × 4%)÷ 6 = 16（万元）

因折旧而节约所得税支出，折合为现值为：16 × 25% × PVIFA（6，10%）= 17.42（万元）

PVIFA为年金现值系数，其值可通过查年金现值系数表得到。

事实上，折旧年限的改变并未减少企业应纳所得税的总额度，但是因为资金有时间价值，所以缩短折旧年限，对企业更为有利。

资料来源：http://www.cnnsr.com.cn.

（三）选择合理的费用分摊方法的税务筹划

不同的费用分摊方法会增加或降低企业成本，对企业利润水平造成一定影响。当企业面临多种分摊方法可供选择时，可以采用不同的分摊方法，使每期应分摊的成本费用额有所差异，影响应纳税所得额。因此，企业应通过选择有利的费用分摊方法来进行税务筹划。

在盈利年度，费用可从应纳税所得额中扣除，此时企业应选择能使成本费用尽快得到分摊的方法，尽可能延迟所得税纳税义务时间；在亏损年度，分摊方法的选择需充分考虑亏损的税前弥补程度。如其亏损额预计不能在未来年度得到弥补或者只能部分得到弥补，应使成本费用尽可能地摊入到亏损能全部得到税前弥补或盈利的年度内，最大限度地发挥成本费用的低税效用；在享受所得税税收优惠的年度，应选择能避免成本费用的低税作用被优惠政策抵消的方法。

根据税法规定，企业准许扣除的费用项目包括：

企业实际发生的合理的工资、薪金准予在所得税税前扣除。这里的工资和薪金是指企业每一纳税年度支付给本企业任职或者受雇的员工的所有现金形式或非现金形式的劳动报酬，包括基本工资、奖金、津贴、补贴、年终加薪、加班工资以及员工任何与受雇有关的其他支出。

非金融企业在生产和经营期间，向金融机构借款的利息支出、金融企业的各项存款利息支出和同业拆借的利息支出、企业经批准发行的债券的利息支出，按照实际发生数扣除；向非金融机构借款的利息支出，不高于按照金融机构同类、同期贷款利率计算的数额以内的部分，准予扣除。

企业发生的公益性捐赠支出，在年度利润总额12%以内的部分，准予在计算应纳所得税额时扣除。其中，年度利润总额是指企业依照国家统一会计制度的规定计算的年度会计利润。公益性捐赠是指企业通过公益性社会团体或者县级以上人民政府及其部门，用于《公益事业捐赠法》规定的公益事业的捐赠。这里的公益性社会团体是指同时符合规定条件的基金会、慈善组织等社会团体。而纳税人直接向受赠人的捐赠则不允许扣除。

需要注意的是，企业在发生公益性捐赠业务时，应该先预估一下当年的会计利润额，尽量把捐赠额控制在抵扣限额之内，或者把超出抵扣部分的捐赠安排在下一年度进行，以最大限度享受抵扣应纳税所得额的优惠。

【案例 6-6】

利用公益性捐赠的税务筹划

贵州省某公司 2009 年实现会计利润 5000 万元，适用 25% 的所得税率。因 2009 年度贵州遭遇严重旱灾，该公司通过企业的上级主管部门直接向某受灾地区的农户捐献了人民币 580 万元。如果不考虑其他的调整项目，公司应如何进行纳税筹划？

税法规定，企业直接给受赠人的捐赠，计算企业所得税时不可扣除，因此，公司应纳所得税：

5000 × 25% = 1250（万元）

公司可通过将 580 万元现金捐赠给当地的公益性社会团体，而不是将 580 万元直接捐赠给受赠人。根据税法规定，企业发生的公益性捐赠支出，在年度利润总额 12% 以内的部分，准予在计算应纳所得税额时扣除。公司 2009 年的会计利润为 5000 万元，捐赠支出为 580 万元，不超过年度利润总额 12% 的部分，准予扣除，因此，公司应纳所得税为：（5000 − 580）× 25% = 1105（万元）

经过筹划后，为公司节税 145 万元。

第三节 所得税优惠政策的税务筹划

了解优惠政策，合法节税避税。

——佚名

一、国家重点扶持产业的税务筹划

新企业所得税法规定，国家对重点扶持和鼓励发展的产业和项目，给予了减免企业所得税的优惠。国家重点扶持和鼓励发展的产业有农、林、牧、渔业，基础设施建设项目，环境保护节能、节水，资源综合利用和高新技术产业等。

（一）运用投资于农、林、牧、渔业项目进行税务筹划

新企业所得税法规定，企业从事下列项目的所得，免征企业所得税：蔬菜、谷物、薯类、油科、豆类、棉花、麻类、糖料、水果、坚果的种植；农作物新产品的选育；中药材的种植；林木的培育和种植；牲畜、家禽的饲养；林产品的采集；灌溉、农产品初加工、兽医、农技推广、农机作业和维修等农、林、牧、渔服务业项目；远洋捕捞。

企业从事下列项目的所得，减半征收企业所得税：花卉、茶以及其他饮料作物和香料作物的种植；海水养殖、内陆养殖。

需要注意的是，利用这些税收优惠政策时，对实现的不同种植项目作物的所得必须要独立计量和核算，不能把征税作物、减税作物和免税作物的所得混在一起核算，否则就要从高征税。

（二）运用投资于公共基础设施项目进行税务筹划

新企业所得税法规定，企业从事国家重点扶持的公共基础设施项目的投资经营的所得，自项目取得第一笔生产经营收入所属纳税年度起，第一年至第三年免征企业所得税，第四年至第六年减半征收企业所得税。这里的公共设施是指规定的港口码头、机场、铁路、公路、城市公共交通、电力、水利等项目。

（三）运用投资于环境保护、节能节水项目进行税务筹划

新企业所得税法规定，企业从事符合条件的环境保护、节能节水项目的所得，自项目取得第一笔生产经营收入所属纳税年度起，第一年至第三年免征企业所得税，第四年至第六年减半征收企业所得税。

这里的环境保护、节能节水项目包括公共污水处理、公共垃圾处理、沼气综合开发利用、节能减排技术改造，海水淡化等。同时购置符合抵免所得税规定的环境保护、节能节水安全和安全生产三类的专用设备，可以从企业当年的应纳税额中以实际缴纳税额抵免，抵免所得税的金额为设备价值的 10%。

（四）运用投资于高新技术企业进行税务筹划

新企业所得税法规定，对于国家需要重点扶持的高新技术企业，减按 15% 的税率征收企业所得税，并不再受地域限制，在全国范围内适用。

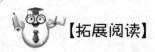

【拓展阅读】

国家需要重点扶持的高新技术企业

国家需要重点扶持的高新技术企业是指拥有核心自主知识产权，并同时符合下列条件的企业：产品（服务）属于《国家重点支持的高新技术领域》规定的范围；高新技术产品（服务）收入占企业总收入的比例不低于规定比例；科技人员占企业职工总数的比例不低于规定比例；高新技术企业认定管理办法的其他条件。因此，企业应密切注意国家对高新技术企业的认定条件、认定标准及程序。

【案例 6-7】

高新技术企业的税收优惠

科电磁卡实业有限公司是一家外商投资企业，该企业成立于 1992 年，成立之初即被认定为先进技术企业，成立当年就开始盈利。按照有关规定，作为一家生产性的外商投资企业，前两年是免征企业所得税的，第三年至第五年，企业所得税减半征收，即其所享受的税收优惠政策到 1996 年底期满。在 1997 年，该企业仍然被有关部门认定为技术先进企业，按照有关规定，从 1997 年开始，3 年内可按 15% 的优惠税率缴纳企业所得税。在 1997 年，企业盈利 1000 万元，如果按照税法规定，需要缴纳企业所得税 300 万元。但因为该企业被认定为先进技术企业，可向有关部门提出申请，减半缴纳企业所得税，即只需缴纳 150 万元企业所得税。如果该企业已经设立在经济特区或经济技术开发区，企业已经是按照 15% 的优惠税率缴纳所得税，则应该向有关部门提出申请，从 1997 年开始，在 3 年内减按 10% 缴纳企业所得税，那么，该年度企业所需要缴纳的所得税税额为 100 万元。

资料来源：http：//www.ha.xinhuanet.com/fuwu/kejiao/2004-03/29/content_1869561.htm.

二、地区投资优惠的税务筹划

国家的税收政策在不同区域内有不同的优惠规定，企业在选择投资地区时，可根据税法对不同区域的所得税优惠政策，在投资决策之前对几个可能投资的区域作出相应的投资方案，并计算各方案的成本、收益及税负水平，选择既能减轻税负，又能获得最大经济效益的区域投资。

在我国，区域性的税收优惠主要倾向于中西部、少数民族、经济特区、上海浦东新区等地区。因此，企业可以通过了解国家有关这些地区的税收优惠政策进行税务筹划。由于各个地区的税收优惠政策不同，在此不再对各个地区的税收优惠进行详细的讲解。

三、技术创新和科技进步优惠的税务筹划

为了促进技术创新和科技进步，新企业所得税法规定了许多税收优惠，纳税人可以恰当地运用这些优惠条件进行税务筹划。

（一）运用技术转让进行税务筹划

新企业所得税法规定，一个纳税年度，居民企业技术转让所得不超过 500 万元的部分，免征企业所得税；超过 500 万元的部分减半征收企业所得税。从而居民企业可以恰当利用技术转让所得临界点进行税务筹划。

但是，为了避免企业使用关联交易避税，税法规定关联企业之间技术互转不享受此优惠。

（二）利用企业"三新"技术研究开发进行税务筹划

为了促进企业技术进步，鼓励企业积极研究开发新产品、新技术、新工艺，新企业所得税法规定，企业开发新产品、新技术、新工艺发生的研究开发费用，未形成无形资产而计入当期损益的，可以在计算应纳税所得额时加以扣除，即在按照规定据实扣除的基础上，按照研究开发费用的 50%加计扣除；形成无形资产的，按照无形资产成本的 150%摊销。

这里的研究开发费用包括：新产品设计费，工艺规程制定费，原材料和半成品试制费，技术图书资料费，未纳入国家计划的中间试验费，研究机构人员的工资，用于研究开发的仪器、设备的折旧费，委托其他单位和个人进行科研试制的费用，与新产品的试制和技术研究直接相关的其他费用等。

【案例 6-8】

A 集团不恰当地利用税收优惠

A 集团是位于 H 市的一家医药集团企业，致力于中西药的研制与生产。2000 年，A 集团与国外 B 银行合资成立了中外合资有限公司——C 公司。因经营理念不一致，C 公司成立后不久，B 银行与 A 集团终止了合作，进入企业清算阶段。在 4 年的合作经营期间，B 银行将 A 集团取得的利润一部分直接投资于 C 公司，增加注册资本；另一部分作为资本在经济特区开办了一家药品出口企业。经 B 银行申请，税务机关批准，H 市税务机关退还了其再投资部分已缴纳所得税 40%的税款。

2007 年 2 月，A 集团又与某国 D 公司合资成立了另一家中外合资有限公司——F 公司。F 公司在其成立之初，公司外方在验证基准日止，未将应缴资本汇入国内合资公司账上（资金未到位），而是在一年半后才使资本实际到位，而这期间 F 公司已享受了国家对外资企业的税收待遇，H 市税务机关在对 F 公司的税收检查中发现了上述情况，于 2007 年 10 月 9 日向 A 集团送达了《税务行政处罚事项告知书》。在 A 集团未提出听证的要求下，于 1999 年 10 月 14 日下达了《税务处理决定书》和《税务行政处罚决定书》。

税务机关依法对 A 集团追缴税款，加收滞纳金和罚款。

（1）根据《外商投资企业和外国企业所得税法》第 8 条规定，外商投资企业实际经营期不满 10 年的，应当补缴已免征、减征的企业所得税款。C 公司成立后，由于双方中止合同，该公司自成立至被终止经营期间，事实上只是运营了 4 年，按照上述规定，对企业已享受减免的企业所得税税款应予补征。

（2）《外商投资企业和外国企业所得税法》规定，外商投资企业的外国投资者，将从企业取得的利润直接再投资于该企业，增加注册资本，或者作为资本投资开办其他外商投资企业，经营期不少于 5 年的，经投资者申请和税务机关批准，可退还其再投资部分已缴纳所得税 40% 的税款；再投资不满 5 年撤出的应当缴回已退的税款。

外国投资者在中国境内直接再投资组建、扩建产品出口企业或者先进技术企业以及外国投资者将从海南经济特区内的企业获得的利润直接投资于海南经济特区内的基础设施建设项目和农业开发企业，可以全部退还其再投资部分已缴纳的企业所得税税款。

外国投资者直接再投资组建、扩建的企业，自开始生产、经营起 3 年内没有达到产品出口企业标准或者没有被继续确认为先进技术企业的，应当缴回已退税款的 60%。

B 银行所投资的 C 公司只有 4 年，根据上述规定，H 市税务机关对 C 公司已享受减免的企业所得税税款应予补征。

（3）1987 年 12 月 30 日国务院批准，1988 年 1 月 1 日对外经济贸易部、国家工商行政管理局联合发布的《中外合资经营企业合营各方出资的若干规定》第 4 条规定："合营各方应当在合营合同中订明出资期限，并应当按照合营合同规定的期限缴清各自的出资。合营合同中规定一次缴清出资的，合营各方应当从营业执照签收之日起六个月内缴清。"第 5 条规定："合营各方未能在第 4 条规定的期限内缴付出资的，视为合营企业自动解散，合营企业批准证书失效。"由于 A

集团与 D 公司订立合同中明确规定了在营业合同签收之日起一个月内，双方按照各自认缴的出资比例一次性缴清，但合资外方未能在规定的期限内缴付出资，已经违反了上述规定，该企业应视为自动解散。根据《税收征管法细则》第 59 条规定："税务机关发现纳税人税务登记的内容与实际情况不符的，可以责令其纠正，并按照实际情况征收税款。"根据以上规定，税务机关应收回 F 公司在外方资金尚未到位期间已享受的税收优惠。

资料来源：http://www.canet.com.cn/tax/ssch/qysdsch/200807/21-47552.html.

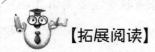

【拓展阅读】

现行的鼓励科技发展的税收优惠政策

（1）对科研单位和大专院校的技术转让、技术咨询、技术培训、技术服务、技术承包、技术出口所得，暂免征收所得税；其他企事业单位技术转让及有关的技术咨询服务、技术服务和技术培训收入，年所得不超过 30 万元的部分，暂免征收所得税。

（2）为鼓励企业增加科技投入，运行企业将从事新产品、新技术开发的费用，在征收所得税之前列支，不受比例限制。

（3）对经国务院批准成立的高新技术产业开发区内认定的高新技术企业，可以按减 15% 的优惠税率征收企业所得税，并规定在开办之日起两年内免征所得税。

（4）税法规定，对新办的独立核算的从事咨询业、信息业、技术服务业的企业或经营单位，自开业之日起，免征所得税 1 年。税法同时规定，高新技术企业、第三产业、利用"三废"为主要原料生产的企业、"老、少、边、穷"地区新办企业、新办的劳动就业服务企业，如为年度中间开业，当年实际生产经营期不足 6 个月的，可向税务机关申请选择就当年所得缴纳企业所得税，其减征、免征企业所得税的执行期限，可推延至下一年度起计算。

如企业已选择该办法后，次年度发生亏损，其上一年度已纳税款，不予退款，亏损年度应计算为减免执行期限，其亏损额可按规定用以后年度的所得抵补。

企业所得税的优惠政策多种多样，企业应当彻底了解各项减免税优惠政策及法律法规，在组建、注册、经营方式上充分参考所得税的优惠政策，以达到总体税负的优化。

资料来源：吴晶.企业实用税务筹划300问答［M］.北京：中国纺织出版社，2007.

第四节 利用企业重组进行税务筹划

企业合并、分立和清算是您节税避税的有效途径。

——佚名

一、利用企业合并进行税务筹划

根据企业所得税法的规定，纳税人发生年度亏损，可以用下一纳税年度的所得弥补；下一纳税年度的所得不足弥补的，可以逐年延续弥补，但是延续弥补期最长不得超过5年。企业可以充分利用亏损弥补政策，相应缩小应纳税所得额，减轻企业所得税的税收负担。

按照税法的规定，如果一个公司集团，子公司成员企业的亏损，可直接抵减其他成员企业的所得额或并入母公司的亏损额，无须用本企业以后的年度所得弥补。被兼并企业兼并前还有尚未弥补的亏损额，且被兼并后不具有独立法人资格，则可由兼并企业以后年度的所得额弥补。鉴于这种规定，对于大型企业集团，应尽量采用合并纳税的方式，用亏损企业的所得额抵减盈利企业的所得款，减少集团应纳税所得额；对于一些长期高盈利的企业，出于该目的考虑，可以兼并亏损企业，可部分抵消兼并企业的高额利润，降低企业税负。

由于企业合并后，被合并企业的亏损能够抵消合并企业的利润，从而降低合并企业的所得税额，所以，如果一个公司在某一年或连续几年严重亏损，那么这个公司往往就会成为有大量盈利公司的合并对象，从而为盈利公司达到节税的目的。

二、利用企业分立进行税务筹划

从所得税方面考虑，我国实行的企业所得税率是比例税率，而不是累进税率，企业分立对降低整体税负的作用不大，但为了照顾利润水平比较低的企业。在企业所得税采用累进税率的情况下，通过分立使原来适用高税率的一个企业，分化成两个或两个以上适用低税率的企业，使其总体税负得以减轻。

【案例 6-9】

企业分立的税务筹划

某公司适用 25% 的所得税税率。在 2007 年公司的应纳税所得额为 12 万元，如果正常缴税，该公司 2007 年应缴纳的所得税额为：

$12 \times 25\% = 3$（万元）

如果通过筹划，将该公司分立为 A、B 两家子公司，A 公司适用 20% 的所得税税率，B 公司适用 15% 的所得税税率，A 公司 2007 年应纳税所得额为 4 万元，B 公司应纳税所得额为 8 万元，两家公司 2007 年的应纳税所得额依然是 12 万元。

A 公司应缴纳的所得税为：

$4 \times 20\% = 0.8$（万元）

B 公司应缴纳的所得税为：

$8 \times 15\% = 1.2$（万元）

A、B 两公司 2007 年度合计应纳所得税额为：0.8 + 1.2 = 2（万元）

比分立前节税：3 - 2 = 1（万元）

三、利用企业清算进行税务筹划

企业清算是指企业出现法定解散事由或者章程所规定的解散事由后，依照国家有关法律对企业债权和债务进行清理，并向股东分配剩余财产，终结企业所有法律关系的行为。

在企业开始清算时，应视为会计年度终了，应向主管税务机关编制和报送财务会计报表。在企业清算期间，企业法人资格续存，但企业及其职能部门的原有地位由清算人取代。在企业清算完成后，企业应在办理注销登记之前，向主管税务机关申报缴纳清算所得税。

根据《中华人民共和国企业所得税法》及其实施细则规定，企业清算时，应以清算期间作为一个纳税年度，清算所得应依法缴纳所得税。

企业的清算所得可按下列公式计算：

全部清算财产变现损益 = 存货变现损益 + 非存货资产变现损益 + 清算财产盘盈

净资产或剩余资产 = 企业全部清算财产变现损益 - 应付未付职工工资、劳动保险费等 - 清算费用 - 企业拖欠的各项税金 - 尚未偿付的各项债务 - 收取债权损失 + 偿还负债的收入（因债权人原因确实无法归还的债务）

清算所得 = 净资产或剩余财产 - 累计未分配利润 - 企业税后提取的各项基金结余 + 法定财产估价增值 - 资本公积金 - 盈余公积金 + 接受捐赠的财产价值 - 注册资本金

清算所得税额 = 清算所得 × 清算当年经营所得适用的税率

根据税法规定，企业在清算年度，应划分为两个纳税年度：一是从 1 月 1 日到清算开始日前一日为生产经营纳税年度；二是从清算开始日到清算结束日的清算期间为一个清算纳税年度。企业清算的税务筹划主要是通过变更企业清算日期，合理调整生产经营纳税年度所得和清算所得来降低企业税收负担的。

企业的清算日期不同，会影响清算年度中两个纳税年度的应纳税所得额。企业可以利用改变清算日期的方法，调整企业清算期间应税所得的数额。如果企业在清算前存在一定的盈利，则可以推后清算日期，把清算期间发生的费用转移到生产经营年度，就可以冲抵盈利而减少应税所得额。

【案例 6-10】

企业清算的税务筹划

某公司因为经营不善，经过董事会集体决议，于 2010 年 4 月向股东会提交解散申请书，股东会于 5 月 17 日通过并作出决议，决定公司解散，从 6 月 1 日开始清算。但公司开始这项工作后发现，年初 1~5 月底公司盈利 9 万元，公司适用的所得税税率为 25%，公司立刻做出了调整清算日期的决定，将清算日期改在了 6 月 16 日。公司在 6 月 1~15 日发生费用 15 万元，清算所得为 9 万元。按照规定，清算期间按照一个独立的纳税年度独立核算。

1. 当清算开始日定于 6 月 1 日时

生产经营年度应缴纳所得税为 = 90000 × 25% = 2.25（万元）

清算期间亏损，不缴纳所得税

企业合计应缴纳所得税 2.25 万元

2. 当清算年度定于 6 月 16 日时

生产经营年度亏损 6 万元（公司盈利 9 万元减去 6 月 1~15 日的清算费用为 15 万元），不缴纳所得税。

清算年度收入为 9 万元，须抵减上期亏损 6 万元后再纳税。

清算年度应缴纳所得税 = (9 − 6) × 25% = 0.75（万元）

企业应缴纳税款 0.75 万元。

通过对计算结果的比较，通过延迟清算时间可以节省税款 1.5 万元。

本章小结

　　本章主要从企业所得税纳税人、所得税计税依据、所得税优惠政策和企业重组所得税的节税等方面，对企业所得税税务筹划的要点进行了分析。企业所得税的纳税人可以从组织形式选择、分支机构的选择以及身份的转换等方面考虑，最大限度地帮助企业达到节税的目的。所得税的计税依据的税务筹划可以从收入项目和扣除项目两个方面考虑，实现企业的税务筹划目标。所得税优惠政策的税务筹划则主要是从国家重点扶持产业、地区投资优惠以及技术创新和科技进步的优惠政策等方面进行节税筹划，其中对于地区投资优惠政策的利用，企业需要熟知各地与本企业经营范围有关的税收优惠政策。利用企业重组的税务筹划主要是从利用企业合并、分立以及清算三个方面考虑，帮助企业达到节税的目的。

第七章 其他税种的税务筹划

精打细算，节约房产税

甲公司是一家民营企业，公司资产雄厚，其在 A 市和 B 市都有空置仓库，两市的仓库原值均为 2000 万元，净值是 1600 万元。现有乙、丙两家公司欲分别承租甲公司在 A、B 两市的仓库，双方约定租金均为每年 160 万元。A 市规定从价计征房产税的减除比例为 30%，B 市规定的减除比例为 10%。

乙公司和丙公司准备分别与甲公司签订财产租赁合同，此时，甲公司的财务经理李经理向公司的管理层提出了不同的意见：建议与乙公司签订仓储合同，而与丙公司签订财产租赁合同，他的理由如下：

第一，与乙公司签订财产租赁合同，在不考虑企业所得税的前提下，每年的租金收入，缴纳的税费有：营业税和相应的城建税、教育附加费为：$160 \times 5.5\% = 8.8$（万元）；印花税 $= 160 \times 1‰ = 0.16$（万元）；房产税 $= 160 \times 12\% = 19.2$（万元）。如果甲公司与乙公司签订的是仓储合同，甲公司代为乙公司保管物品，此时取得的收入为仓储收入，由此一来，甲公司需缴纳的营业税、城建税和教育附加费、印花税不变，但房产税变成了从价征收，减除的比例达到 30%，应缴纳的房产税为 $= 2000 \times (1 - 30\%) \times 1.2\% = 16.8$（万元），采用此方式比原方式能为公司减轻税负担 2.4 万元。

第二，甲公司与丙公司签订财产租赁合同，在此，依然不考虑企业所得税，一样需要缴纳营业税和相应的城建税、教育附加费为：$160 \times 5.5\% = 8.8$（万元）；印花税 $= 160 \times 1‰ = 0.16$（万元）；房产税 $= 160 \times 12\% = 19.2$（万元）。如果甲公司与乙公司签订的是仓储合同，甲公司代为乙公司保管物品，此时取得的收入为仓储收入，如此一来，甲公司需缴纳的营业税、城建税和教育附加费、印花税不变，但房产税变成了从价征收，减除的比例为10%，应缴纳的房产税为 $= 2000 \times (1-10\%) \times 1.2\% = 21.6$（万元）。两种方案一比较，签订仓储合同比签订租赁合同要多纳税2.4万元。在这种情况下，甲公司应与丙公司签订租赁合同。

由以上分析得知：

（1）如果A、B两市均规定从价计征的房产税减除比例为20%的话，采用仓储方式应缴纳的房产税为 $2000 \times (1 - 20\%) \times 1.2\% = 19.2$（万元），采用租赁方式应缴纳的房产税 $= 160 \times 12\% = 19.2$（万元），两种方式下所承当的税负一样，采用哪种方式都一样，不存在节税问题；

（2）如果A、B两市规定从价计征的房产税减除比例低于20%，那么租赁方式所承当的税负更小，企业应选择签订租赁合同；

（3）如果A、B两市规定从价计征的房产税减除比例高于20%，选择租赁方式会使得企业承担过高的税负，企业应选择签订仓储合同。

我们也要注意到，签订仓储合同与签订租赁合同二者所承担的责任和义务区别很大。如果签订租赁合同，公司只需要提供合适放置货物的空库房即可，并不承担货物的保管责任；如果签订的是仓储合同，公司不仅要提供适合货物存放的场所，而且必须保证存放货物的完好，一旦发生货物丢失、损毁、霉变等情况，企业必须负责赔偿，这就意味着公司要为货物的保管配备专门的仓储人员，准备相关的设施，这些都会使得企业成本增加。在现实生活中，如果由此带来的支出远超出了节税数额，企业则不应当选择仓储的方式，只有在节税额能够弥补费用支出并且还有所剩余的情况下，企业才可以选择签订仓储合同。

资料来源：http：//money.163.com/06/0321/19/2COUTS5L00251NS1.html.

【案例启示】从上面的案例中可以看到，每一类税种都有各自的征税标准和相应的优惠政策，企业的税务人员只有熟知各种税种的特征及其优惠政策，并在工作中灵活运用，才能为企业合法地减轻税务负担。在学习了增值税、消费税、营业税以及所得税等内容之后，本章将继续介绍其他税种的税务筹划方法。

> **本章您将了解到：**
> ● 资源税、土地增值税、城镇土地使用税的筹划要点和基本方法
> ● 印花税、房产税、契税的筹划要点和基本方法
> ● 车船税和车辆购置税的筹划要点和基本方法

第一节　资源税的税务筹划

资源税是以自然资源为课税对象征收的一种税。

——佚名

一、什么是资源税

资源税是指对在我国境内开发和利用自然资源的单位和个人，就其资源产品的销售和使用数量而征收的一种税。

资源税的纳税义务人是在我国境内开采应税矿产品或生产盐的单位和个人。资源税的课税对象为矿产品（原油、天然气、煤炭、其他非金属矿原矿、有色金属矿原矿）资源和盐资源。资源税采取按资源的具体品种设置税目，并对所有应税资源都实行有差别的幅度定额税率。国务院决定具体税目和税额幅度的调整，而财政部、国家税务总局则在国务院规定的税额幅度内确定纳税人具体的适用税额。

二、资源税的税务筹划

(一) 利用资源税征收范围的有限性进行税务筹划

我国的资源税目前还不是一个成熟的税种，虽然自 1984 年开征以来，课征范围在不断扩大，但是由于各种条件所限，其课征范围到目前为止还仅限于矿产品和盐两类自然资源的开采和生产，而其他的自然资源，如森林资源、水资源等的开发和利用尚未被列入课征范围。资源税课征范围的有限性就为税务筹划提供了一定的空间。在税务筹划主体确定以自然资源采掘业为投资方向的前提下，如果选择那些未征收资源税的资源作为开发利用对象，就可以避免成为资源税的纳税人。

(二) 利用准确核算进行税务筹划

根据资源税法的有关规定，纳税人开发或利用不同税目的应税产品，应当分别核算不同税目应税产品的课税数量，未分别核算或者不能准确提供不同税目应税产品课税数量的，从高适用税率；减免税项目必须单独核算其课税数量，如未单独核算或者不能准确提供其减免税产品课税数量的，纳税人则不能享受减税或者免税优惠。

根据上述的有关规定，纳税人可以通过准确核算各税目的课税对象，分清减免税产品和征税产品，辨别清楚不同产品适用的税率，从而减轻税收负担。

【案例 7-1】

资源税的税务筹划（1）

某煤矿开采企业在 2009 年 8 月开采煤矿 1200 吨，开采煤炭时伴生天然气 30 万立方米，该企业煤炭适用税额为 1.2 元/吨，天然气适用税额为 5 元/千立方米。

如果企业不进行任何筹划，应缴纳的税额如下：

$1200 \times 1.2 + 300 \times 5 = 2940$ （元）

但根据税法规定，煤炭开采时产生的天然气，分开核算的话，天然气免税。如果企业将煤炭和天然气分开核算，则可以节省天然气的资源税 1500 元。

（三）利用折算比例进行税务筹划

在经营过程中，对于有时无法提供准确使用数量的金属和煤炭，资源税有如下规定：对于金属和非金属矿产品原矿，因无法准确掌握纳税人移送使用原矿数量的，可将其精选矿按选矿比折算成原矿数量作为课税对象；对于连续加工前无法正确计算原煤移送使用量的煤炭，可按加工产品的综合回收率，将加工产品实际销售量和自用量折算成原煤数量作为课税数量。

根据上述规定，以煤炭企业为例，如果某企业的自身煤炭并连续加工生产某种煤炭制品的回收率或选矿比，要低于同行业的平均综合回收率或平均选矿比，在这种情况下，则无须提供应税资源的使用数量，交由税务机关根据同行业的平均综合回收率和平均选矿比进行折算，从而确定应税资源数量，为企业节约税负；如果企业自身煤炭并连续加工生产某种煤炭制品的回收率或选矿比，要高于同行业的平均综合回收率或平均选矿比，则应向税务机关提供准确核算资料，按本企业的回收率或选矿比确定应税资源数量，达到节税目的。

【案例 7-2】

资源税的税务筹划（2）

某铜矿开采企业 2010 年 1 月开采铜矿石 10000 吨，移送精矿 2000 吨，矿山实际选矿比为 20%。企业使用 1.2 元/吨单位税额，税务机关认定的选矿比为 15%。该企业应当缴纳的资源税是多少？

1. 如果按照税务机关确定的选矿比计算，则应缴纳的资源税为

$10000 \times 1.2 + 2000 \div 15\% \times 1.2 = 28000$（元）

2. 如果按照企业实际的选矿比计算，则应缴纳的资源税为

$12000 \times 1.2 + 2000 \div 20\% \times 1.2 = 26400$（元）

通过比较计算结果，该矿山按照实际选矿比可以节省资源税 1600 元。因此，

该企业应当准确核算选矿比，向税务机关准确提供应税产品销售数量或移送数量，避免增加税收负担。

（四）利用税收优惠进行税务筹划

现行资源税的税收优惠政策的规定主要有以下几个方面：开采原油过程中用于加热、修井的原油免税；纳税人开采或者生产应税产品过程中，因意外事故或自然灾害等原因遭受重大损失的，由省、自治区、直辖市人民政府酌情决定减税或者免税；对独立矿山应纳的铁矿石资源税减征 60%，即按规定税额标准的40% 征税；对有色金属矿的资源税减征 30%，即按规定税额的 70% 征税；对矿石原矿中所含主产品进行精选的过程中以精矿形式伴选出来的副产品，不再征收资源税；国务院规定的其他减税、免税项目。对于纳税人的减免税项目，应当单独核算减免税项目课税数量，才能享受减免税优惠。未单独核算或者不能准确提供课税数量的，不予减税或者免税。纳税人可以根据自身条件，充分利用上述税收优惠政策进行税务筹划。

第二节　土地增值税的税务筹划

土地增值税的开征，具有极其重要的作用：有利于增强国家对房地产开发商和房地产交易市场的调控；有利于国家抑制炒买炒卖土地获取暴利的行为；有利于增加国家财政收入为经济建设积累资金。

——佚名

一、什么是土地增值税

土地增值税是指在我国境内有偿转让国有土地使用权、地上的建筑物及其附着物产权，取得增值性收入的单位和个人征收的一种税。

土地增值税的纳税义务人是转让国有土地使用权、地上的建筑物及其附着物产权，取得增值性收入的单位和个人。土地增值税的课税对象是转让国有土地使用权、地上的建筑物及其附着物产权所取得的增值额。土地增值税以转让房地产取得的增值额为计税依据，采用30%~60%的四级超率累进税率。这里的增值额是指纳税人转让房地产的收入减除税法规定的扣除项目金额后的余额。扣除项目包括：取得土地使用权所支付的金额；房地产开发成本；房地产开发费用或旧房及建筑物的评估价格；与转让房地产有关的税金；财政部规定的其他扣除项目。

当纳税人有下列情况之一的，按照房地产评估价格计算征收：隐瞒、虚报房地产成交价格的；提供扣除金额不实的；转让房地产价格低于房地产评估价格又无正当理由的。

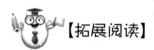【拓展阅读】

土地增值税实行的是四级超率累进税率

四级超率累进税率即以纳税对象数额的相对率为累进依据，按超累方式计算应纳税额的税率。采用超率累进税率，需要确定几项因素：一是纳税对象数额的相对率，土地增值税的增值额与扣除项目金额的比即为相对率。二是把纳税对象的相对率从低到高划分为若干个级次。土地增值税按增值额与扣除项目金额的比率从低到高划分为四个级次，即增值额未超过扣除项目金额50%的部分；增值额超过扣除项目金额50%、未超过100%的部分；增值

额超过扣除项目金额 100%、未超过 200% 的部分；增值额超过扣除项目金
额 200% 的部分。三是按各级次分别规定不同的税率。土地增值税的税率是
30%、40%、50%、60%。

二、土地增值税的税务筹划

（一）利用降低增值率进行税务筹划

由于土地增值税是以增值额为基础的超率累进税率，而增值额是纳税人转让
房地产所取得的收入减去规定扣除项目金额后的余额。因此，纳税人可以通过利
用分散收入和成本费用分摊使增值额降低，达到减轻税负的目的。

分散收入的常见方法包括将可分离的项目从房屋中分离开来，比如房屋装潢
等，降低纳税人的土地增值额，从而降低土地增值税的税务筹划方法。成本费用
分摊是最大限度地扩大成本费用的列支比例，整体上降低纳税人的土地增值额，
从而降低土地增值税的税务筹划方法。

（二）利用建房方式进行税务筹划

税法规定某些方式的建房行为不属于土地增值税征税范围，不用缴纳土地增
值税。这些建房行为包括代建房方式和合作建房方式。其中，代建房方式是房地
产公司代客户建立房子，房子建成后交付给客户，房地产公司只收取代建房屋的
报酬，该方式不属于土地增值税的征税范围，而属于营业税的征税范围，而营业
税的税率远比增值税的税率低。对于一方出地、一方出资金的合作建房方式，双
方商定，房屋建成后按比例分房自用的，暂免征收土地增值税。如企业建成后将
部分住房转让，这部分住房需缴纳土地增值税。纳税人可以运用这两种建房方式
对土地增值税进行税务筹划。

（三）利用税收优惠政策进行税务筹划

现行土地增值税的税收优惠政策的规定主要有以下几个方面：纳税人建造普
通标准住宅（不包括高级公寓、别墅、度假村等）出售，增值额未超过扣除项目

金额 20%的，免征土地增值税；因国家建设需要依法征用、收回的房地产，免征土地增值税；对个人转让房地产的一些免税政策。纳税人可以根据自身条件，充分利用上述税收优惠政策进行税务筹划。

第三节　城镇土地使用税的税务筹划

城镇土地使用税主要有两大类优惠：一是国家预算收支单位的自用地免税；二是国有重点扶植项目免税。

——佚名

一、什么是城镇土地使用税

城镇土地使用税是对在城市、县城、建制镇或工矿区范围内使用国有和集体所有土地的单位和个人，按实际占用的土地面积征收的一种税。

城镇土地使用税的纳税义务人包括拥有土地使用权的单位和个人或土地的实际使用人或代管人。城镇土地使用税的课税对象包括城市、县城、建制镇和工矿区的国有土地和集体所有的土地。城镇土地使用税实行幅度差别定额税率，按纳税人实际占有的土地面积，采用按年计算、分期缴纳的计征方法缴纳城镇土地使用税。

二、城镇土地使用税的税务筹划

（一）利用不同区域进行税务筹划

我国城镇土地使用税的征税范围有限，只选择在企业分布相对比较集中的城镇地区课税，范围包括城市、县城、建制镇和工矿区，但不包括农村。在都要缴纳城镇土地使用税的市区，不同区域的土地使用税使用定额税率差别很大，因此纳税人可以结合自身情况和实际需要在征税区与非征税区之间、经济发达与经济欠发达的省份之间、同一省份内的大中小城市以及县城和工矿区之间做出选择，从而降低和免除城镇土地使用税。

（二）利用税收优惠政策进行税务筹划

根据现行城镇土地使用税的税收优惠政策，下列土地免缴城镇土地使用税：国家机关、人民团体、军队自用的土地；由国家财政部门拨付事业经费的单位自用的土地；宗教寺庙、公园、名胜古迹自用的土地；市政街道、广场、绿化地带等公用土地；直接用于农、林、牧、渔业的生产用地；经批准开山填海整治的土地和改造的废弃土地，从使用的月份起免缴城镇土地使用税 5~10 年；由财政部另行规定免税的能源、交通、水利设施用地和其他用地等。纳税人可以根据自身条件，充分利用上述税收优惠政策进行税务筹划。

第四节　房产税的税务筹划

中国目前支持收房产税的有 3 种人：一是高官，住国家的房子不用买房的；二是贪官，根本用不着自己的血汗钱买房；三是只有一套房子的人民群众，房产税与他们的生活没有多大关系。

——佚名

一、什么是房产税

房产税是以房产为征税对象，依据房产价格或房产租金收入向房产所有人或经营人课征的一种税。

房产税的纳税义务人是房屋的产权所有人或经营管理单位、承典人、房产代管人或者使用人。房产税的课税对象为处于城市、县城、建制镇和工业区的房产。房产税采用从价计征和从租计征两种形式作为计税依据。其中，从价计征是在房屋未出租时，以房产原值一次减除 10%~30% 后的余值作为计税依据，按 1.2% 的税率计征；从租计征是在房屋出租后，以租金收入为计税依据，按 12% 的税率计征。

二、房产税的税务筹划

（一）利用不同区域进行税务筹划

我国房产税的征税范围仅限于城市、县城、建制镇和工业区，位于规定区域之外的农村房屋则不征收房产税。因此，纳税人可以根据自身情况和实际需要，将生产和经营设在征税范围以外的地区，而只将销售等部门设在城市，就可以避免缴纳房产税。此种情形与城镇土地使用税的情况极其类似，在此不再另行举例说明。

（二）利用确定房产原值进行税务筹划

我国房产税的征税对象仅限于房产，不属于房产的不动产则不纳入房产税的征收范围。当房产税采用从价计征时，依照房产原值一次减除 10%~30% 后的余值作为计税依据，按 1.2% 的税率计征。而房产原值是指纳税人按照会计制度规定，在会计上记载的房屋原价。因此，纳税人可以利用会计核算方法减少房产原值降低房产税。

【案例 7-3】

房产税的税务筹划

F 公司准备投资 5000 万元兴建一个工业园，工业园区的建筑物即包括厂房、办公用房、围墙、烟囱、水塔、变电塔、停车场、游泳池等，其中厂房和办公用房造价为 40000 万元，其他建筑设施的造价为 10000 万元，当地房屋扣除比例为 30%。

如果不进行筹划，公司将 40000 万元都作为房产原值纳税，每年应缴纳的房产税为：

$$50000 \times (1 - 30\%) \times 1.2\% = 420 \text{（万元）}$$

如果企业经过税务筹划，把停车场、游泳池等设施都建成露天的，将这些独立建筑物的造价与厂方、办公用房的造价分开核算，那么该部分建筑物的造价不计入房产原值，无需缴纳房产税，则企业每年应缴纳的房产税为：

$$40000 \times (1 - 30\%) \times 1.2\% = 336 \text{（万元）}$$

通过比较计算结果，该公司通过降低房屋原值可以节省房产税 84 万元。

（三）利用税收优惠进行税务筹划

根据现行房产税的税收优惠政策，下列房产免缴房产税：国家机关、人民团体、军队自用的房产；由国家财政部门拨付事业经费的单位自用的房产；宗教寺庙、公园、名胜古迹自用的房产；个人拥有的非营业用房免征房产税（不包括出租房产）；个人所有的非营业用房，主要是指居民住房，不论面积多少，一律免征房产税。对个人拥有的营业用房或者出租的房产，不属于免税房产，应照章纳税；经财政部批准免税的其他房产，如企业办的各类学校、医院、托儿所、幼儿园自用的房产；经有关部门鉴定，对毁损不堪居住的房屋和危险房屋，在停止使用后，可免征房产税。房屋大修停用在半年以上的，经纳税人申请，税务机关审核，在大修期间可免征房产税。纳税人可以根据自身条件，充分利用上述税收优惠政策进行税务筹划。

【拓展阅读】

财政部　国家税务总局
关于房产税城镇土地使用税有关问题的通知

财税〔2008〕152号

一、关于房产原值如何确定的问题。

对依照房产原值计税的房产，不论是否记载在会计账簿固定资产科目中，均应按照房屋原价计算缴纳房产税。房屋原价应根据国家有关会计制度规定进行核算。对纳税人未按国家会计制度规定核算并记载的，应按规定予以调整或重新评估。

《财政部税务总局关于房产税若干具体问题的解释和暂行规定》〔(86)财税地字第008号〕第15条同时废止。

二、关于索道公司经营用地应否缴纳城镇土地使用税的问题公园、名胜古迹内的索道公司经营用地，应按规定缴纳城镇土地使用税。

三、关于房产税、城镇土地使用税纳税义务截止时间的问题纳税人因房产、土地的实物或权利状态发生变化而依法终止房产税、城镇土地使用税纳税义务的，其应纳税款的计算应截止到房产、土地的实物或权利状态发生变化的当月末。

四、本通知自2009年1月1日起执行。

第五节　契税的税务筹划

契税的筹划要把握其两大特点：第一，契税属于财产转移税；第二，契税由财产承受人缴纳。

——佚名

一、什么是契税

契税是对在我国境内转移土地使用权和房屋所有权时，依据当事人双方订立的契约，向产权承受人征收的一种税。

契税的纳税义务人是承受土地或房屋权属的单位和个人。契税的课税对象是发生权属转移并签订转移契约的土地和房屋。包括：国有土地使用权出让、土地使用权转让、房屋买卖、房屋赠与和房屋交换。房产税成交价格、市场价格和交换差额为计税依据，按照 3%~5%的浮动比率税率一次征收。契税的适用税率，由省、自治区、直辖市人民政府在前款规定的幅度内按照本地区的实际情况确定，并报财政部和国家税务总局备案。目前大部分地区实行的是 3%的税率。

二、契税的税务筹划

（一）利用房屋交换进行税务筹划

房产税的计税依据为房屋的成交价格、市场价格和交换差额，具体为：国有土地使用权出让、出售及房屋买卖以成交价格为计税依据；房屋赠与由征收机关参照市场价格为计税依据；房屋交换以交换价差为计税依据，若等价交换可免契税，价值不等的，以交换差额为计税依据。根据这些规定，纳税人可以通过将原来不属于交换的行为，通过合法的途径变换为交换行为，并尽可能减少交换价差来降低契税。

【案例 7-4】

契税的税务筹划（1）

甲企业在 A 市拥有一栋房屋价值 200 万元，乙企业在 B 市拥有一栋房屋，价值也是 200 万元。由于企业业务发展的需要，甲、乙企业双方都想拥有对方的房屋。如果两企业直接用现金进行交易，假定税率为 5%，则双方都需承担 10 万元的税负；但若双方采用直接房屋交换的方式，由于两房子价值一样，无差价，则不用缴纳契税，各自减轻了 10 万元的税负。

（二）利用隐性赠与行为进行税务筹划

在契税中，我国税法规定，当事人赠与土地使用权、房屋属于应税行为，应该依照规定缴纳契税。本来赠与的目的就是要使他人（受赠人）获益，但是由于税收的原因，受赠人却要因此支付一笔税款，无论这笔税款最终实际由谁来支付，当事人双方都会觉得这笔税款是额外负担。因而，在赠与行为中，应该通过隐性赠与等方式进行税务筹划，如发生赠与行为，不办理房产转移手续。

【案例 7-5】

契税的税务筹划（2）

甲准备无偿赠送一套价值 100 万元的公寓给乙，适用税率为 5%，如果不进行筹划，则需要缴纳税款 5 万元（100×5%）。能不能采取什么办法避免这 5 万元的税款呢？

其实，甲方愿意将公寓无偿赠与乙方，他也就无意再收回该公寓的所有权，甲乙双方约定甲方不再要回此套公寓的所有权，甲方让出该套公寓，让乙方实际居住和使用，即便双方不变更产权权属，这个问题也可以得到很好的解决，也无需缴纳契税。但是，这种方式是建立在赠与人诚信的基础上，如果赠与人不守信用，先将房子赠与，过一段时间反悔，又将房子要回来，那受赠人还不如选择转移产权缴纳契税。此外，这种交易方式不办理产权转移手续，一旦出现经济纠纷时，容易出现产权争议问题。双方在选择某种方式的时候，应当综合衡量，选择较有利的方式完成交易。

（三）利用税收优惠政策进行税务筹划

现行契税的税收优惠政策的规定有以下几个方面：国家机关、事业单位、社会团体、军事单位承受土地、房屋用于某些方面（办公、教学、医疗、科研和军事设施）的，免征契税；城镇职工按规定第一次购买公有住房，免征契税；因不可抗力灭失住房而重新购买住房的，可酌情减征契税；承受荒山、荒沟、荒坡、荒丘、荒滩的土地使用权，用于农林牧渔业生产的，免征契税；财政部规定的其他减征和免征契税的项目。以上优惠政策为企业进行纳税筹划提供了很大空间，纳税人可以根据自身条件，充分利用上述的税收优惠政策进行税务筹划。

第六节　印花税的税务筹划

从某种程度上讲，印花税的税务筹划是可遇而不可求的。

——佚名

一、什么是印花税

印花税是对经济活动和经济交往中书立、使用、领受具有法律效力的凭证的单位和个人征收的一种税。

按照应税凭证的不同，印花税的纳税义务人可分为立合同人、立据人、立账簿人、领受人和使用人五种。印花税的课征对象包括各类合同、产权转移书据、营业账簿及权利和许可证五类，设置了 13 个税目。印花税税率有比率税率和定额税率两种计征方法。比例税率共分为四个档次，分别是 0.05‰、0.3‰、0.5‰、1‰，权利许可证照和营业账簿税目中的其他账簿，每件 5 元。

二、印花税的税务筹划

（一）利用模糊金额进行税务筹划

印花税的计征方式有从量计征和从价计征两种，但是在实际的经营过程中，计税金额的确定会存在争议。如技术转让合同，转让收入是根据销售收入计算的，因此在合同签订时可能无法确定具体的金额，这样就必须等到销售完成后才能确定转让收入，这样就存在筹划的空间。因此，企业合作双方在签订数额较大的合同时，本着保证双方利益的前提下，在合同中约定：合同的交易金额需要在确切条件下才可确定，从而可使应纳税额延迟到结算以后，获得资金的时间价值。

【案例 7-6】

印花税的税务筹划（1）

A 公司与 B 公司签订设备租赁合同，租期为 10 年，双方约定设备租金为 120 万元。

如果 B 公司一次性支付租金，则需缴纳印花税为：

$120 \times 1‰ = 0.12$（万元）

如果双方约定设备租金每月 1 万元，年底支付租金，到时再决定是否续租设备，如此一来，规定了每月租金标准而没有约定租赁期限的，符合财产租赁合同的条件，可先预交 5 元印花税，以后结算时再按实际金额计税。则每年应缴纳的印花税为：

$1 \times 12 \times 1‰ = 0.012$ （万元）

10 年应纳印花税为：

$0.012 \times 10 = 0.12$ （万元）

这两个方案虽然最终缴纳的税额都是 0.12 万元，但是支付时间不同，一个需要立刻支付，一个是平均到 10 年，为企业争取了资金的时间价值。

（二）利用减少流转环节进行税务筹划

由于在货物或劳务的流转环节中，每一次订立合同均需缴纳一次印花税。如果纳税人事先能够确定下一个流转环节，就完全可以节省印花税。

【案例 7-7】
印花税的税务筹划（2）

乙公司从甲公司承包了一项工程，价值 2000 万元，乙公司自己承担其中 1000 万元的工程项目，剩余 1000 万元的工程分包给丙公司，适用的税率都为 0.3‰。

如果不进行税务筹划：

甲公司应缴印花税 $= 2000 \times 0.3‰ = 0.6$ （万元）

乙公司应缴印花税 $= 2000 \times 0.3‰ + 1000 \times 0.3‰ = 0.9$ （万元）

丙公司应缴印花税 $= 1000 \times 0.3‰ = 0.3$ （万元）

如果甲公司直接与丙公司签订 1000 万元的合同，甲与乙签订剩余 1000 万元的合同，此时，这时甲、丙应纳印花税不变，但乙公司应缴印花税为：

$1000 \times 0.3‰ = 0.3$ （万元）

由以上分析可知，乙公司可以比原来节省印花税 0.6 万元。

（三）利用税收优惠进行税务筹划

根据现行印花税的税收优惠政策，下列房产免缴印花税：已经缴纳印花税的凭证的副本或者抄本，但是视同正本使用者除外；财产所有人将财产赠给政府、抚养孤老伤残人员的社会福利单位或学校所立的书据；国家指定的收购部门与村民委员会、农民个人书立的农副产品收购合同；无息、贴息贷款合同；外国政府或者国际金融组织向中国政府及国家金融机构提供优惠贷款所书立的合同；农林作物、牧业畜类保险合同；对房地产管理部门与个人签订的用于生活居住的合同以及特殊货运凭证等。纳税人可以根据自身条件，充分利用上述税收优惠政策进行税务筹划。

【拓展阅读】

印花税的税收优惠可遇不可求

在税务筹划的过程中，企业利用税收优惠政策进行税务筹划是一种常见的方法，但是印花税的优惠政策与其他的税种的优惠政策又有所不同，相比其他税种的优惠政策，印花税的优惠政策对纳税人的身份及其可优惠的交易项目都有着非常严格的规定，一般条件下，纳税人很难达到要求。此外，印花税税负较低，考虑到税务筹划的成本，筹划下来，很可能筹划成本大于筹划所得。当然，这并非意味着企业在税务筹划的过程中就应该完全抛弃该种筹划方式不用，运用得当，依然能为企业节约税负。

第七节　车船税的税务筹划

时刻关注车船使用税的新动向，做好相关税务筹划。

——佚名

一、什么是车船税

车船税是指国家对行驶于公共道路的车辆和航行于境内的河流、湖泊或领海口岸的车辆、船舶依法征收的一种税。目前仅适用于内资企业，对于外商投资企业等涉外单位和外籍人员、港澳台同胞仍继续适用车船使用牌照税。

车船税的纳税义务人是在我国境内拥有并且使用的单位和个人。车船税的征税对象是行驶于我国境内公共道路的车辆和航行于境内的河流、湖泊或者领海口岸的船舶。车船税采用定额税率，其中，乘人汽车、电车、摩托车、自行车、人力车和电力车，以"辆"为计税依据；载货汽车、机动船，以"净吨位"为计税依据；非机动船，以"载重吨位"为计税依据。国务院财政部门、税务主管部门可以根据实际情况，在《车船税税目税额表》规定的税目范围和税额幅度内，划分子税目，并明确车辆的子税目税额幅度和船舶的具体适用税额。车辆的具体适用税额由省、自治区、直辖市人民政府在规定的子税目税额幅度内确定。

二、车船税的税务筹划

（一）利用准确核算进行税务筹划

一些项目适用不同税率，或有的应征税而有的却免税，按税法规定，在这种情况下，纳税人如不能准确划分，全部数额就高税率征税。此时，需将不同税目税率及免税项目清楚地区分开，减轻企业税负。

根据车船使用税有关法规规定，企业办学校、医院、托儿所、幼儿园，如果能够准确核算，明确划分清楚是由学校、医院、托儿所、幼儿园自用的车船，可以享受免税待遇；对无法清楚划分的车船，应照章纳税；企业内部行驶的车辆，不领取行驶执照，也不上公路行驶的，可免征车船使用税；免税单位与纳税单位合并办公，所有车辆，能划分者分别征免车船使用税，不能划分者，应一律照章征收车船使用税。

【案例 7-8】

车船税的税务筹划

某企业自行创办学校。该企业拥有 5 辆客车（核定载客 20 人），10 辆 5 吨的货车，其中 3 辆客车用于师生活动，4 辆货车也是由学校专用。当地政府规定 5 吨货车每净吨位 50 元，客车每辆 300 元，如果企业不划分企业用车和学校用车，则需缴纳的税额为：

$10 \times 5 \times 50 + 5 \times 300 = 4000$（元）

如果企业将学校用车与企业用车分开，则每年需缴纳的税额为：

应纳税额 $= 6 \times 5 \times 50 + 1 \times 300 = 1800$（元）

显然，通过筹划可以节约税款 2200 元。

（二）利用车船使用税的征免范围规定进行税务筹划

车船使用税的征收范围仅限于行驶于公共道路上的车辆和航行于我国境内河流、湖泊或领海口岸的船舶。而对于不在公共道路上行驶，不在我国境内河流、湖泊和领海口岸航行的船舶，则未纳入车船使用税的征收范围。

经公安交通管理部门及港务、航务部门批准，并报主管税务机关备案的停驶车船，可免缴停驶期间的车船使用税。

新购置的车辆如果暂不使用，也未领取牌照，可以不向税务机关申报缴纳相应的车船使用税。

在单位内部行驶、不领取行驶牌照，也不上公共道路行驶的车辆，可免缴车船使用税。

（三）利用税收优惠规定进行税务筹划

现行车辆税的税收优惠政策的规定，下列车船可以享受减免税待遇：非机动车船（不包括非机动驳船）；拖拉机；捕捞、养殖渔船；军队、武警专用车船；警用车船；按照有关规定已经缴纳船舶吨位的船舶以及依照我国有关法律和我国缔结或参加的国际条约的规定应当予以免税的外国驻华使馆、领事馆和国际组织驻华机构及其有关人员的车船。

税法中规定了一些车船可以免征车船税，当纳税人不具备这些优惠条件时，可以运用"挂靠"的方法来实现，从而充分运用这些税收优惠政策来进行税务筹划。

此外，由于车船税大多数以吨位为单位分级规定税率，从而就产生了车船税税额相对吨位数变化的临界点。在临界点上下，吨位即使相差仅1吨，但临界点两边的税额却有很大的变化，因此，纳税人可利用临界点进行税务筹划。

2012年1月1日开始执行新车船使用税如表7-1所示。

表7-1　新车船使用税

车船税税目税额表				
税目		计税单位	年基准税额	备注
乘用车［按发动机汽缸容量（排气量）分档］	1.0升（含）以下的	每辆	60~360元	核定载客人数9人（含）以下
	1.0升以上至1.6升（含）的		360~660元	
	1.6升以上至2.0升（含）的		3600~960元	
	2.0升以上至2.5升（含）的		660~1200元	
	2.5升以上至3.0升（含）的		1200~2400元	
	3.0升以上至4.0升（含）的		2400~3600元	
	4.0升以上的		480~5400元	
商用车	客车	每辆	480~1440元	核定载客人数9人以上，包括电车
	货车	整备质量每吨	16~120元	1. 包括半挂牵引车、客货两用汽车、三轮汽车和低速载货汽车等 2. 挂车按照货车税额的50%计算
其他车辆	专用作业车	整备质量每吨	16~120元	不包含拖拉机
	轮式专业机械车	整备质量每吨	16~120元	
摩托车		每辆	36~180元	
船舶	机动船舶	净吨位每吨	3~6元	拖船、非机动驳船分别按照机动船舶税额的50%计算
	游艇	艇身长度每米	600~2000元	

第八节　车辆购置税的税务筹划

纳税是为权利受保护付费。

——詹姆士·韦恩

一、什么是车辆购置税

车辆购置税是以在我国境内购置规定的车辆为课税对象，在特定环节向车辆购置者征收的一种税。

车辆购置税的纳税义务人是在我国境内购置应税车辆的单位和个人。这里的购置包括购买、进口、自产、受赠、获奖或以其他方式取得并自用的应税车辆。车辆购置税的征收范围包括汽车、摩托车、电车、挂车、农用运输车。车辆购置税按照应税车辆的计税价格，依照10%的税率，一次征收。

二、车辆购置税的税务筹划

（一）缩小计税价格的税务筹划

根据车辆购置税有关规定，纳税人购买自用的应税车辆的计税价格为纳税人购买应税车辆而支付给销售者的全部价款和价外费用，不包括增值税税款。因此，纳税人应尽量不将价外费用并入计税价格。

按有关规定：代收款项应区别对待征税。凡使用代收单位的票据收取的款项应视为代收单位的价外费用，并入计税价格计算征收车辆购置税；凡使用委托方的票据收取，受托方只履行代收义务或收取手续费的款项，不并入计征车辆购置税。

购买者随车购买的工具件、零件、车辆装饰费等应作为购车款的一部分或价外费用并入计税价格征收车辆购置税，但如果不同时间或销售方不同，则不并入计征车辆购置税。

购车者支付的车辆装饰费应作为价外费用并入计税依据，但是如果不同时间或收款单位不同，则不并入计税价格。

因此，根据这些规定，纳税人通过将各项费用另行开具票据，可以不将价外费用并入计税依据，从而降低税收负担。

【案例 7-9】

车辆购置税的税务筹划

企业因业务发展需要购置了一辆价值为 30 万元（含增值税）的小轿车，另外还购置了专用工具，价值 0.6 万元；装饰车辆费 1 万元。

此时的计税价格为 31.6（30 + 0.6 + 1）万元，则应缴纳的车辆购置税为：

$31.6 \div (1 + 17\%) \times 10\% = 2.7$（万元）

如果企业选择在缴纳了车辆购置税后再购置专用工具和装饰车辆，这部分费用则无需缴纳车船购置税，此时的计税价格为 20 万元，需要缴纳的车辆购置税为：

$30 \div (1 + 17\%) \times 10\% = 2.564$（万元）

则可为企业节税 1360 元。

【案例 7-10】

购买私家车莫忽视"税收筹划"

在购买私家车时，很多消费者为了避免麻烦，都将纳缴交费等事宜全部交给汽车销售商办理。麻烦是避免了，但"遭殃"的可能就是自己的钱包。

王小姐最近收到了一份来自先生送的贵重礼物：一辆价值为 145000 元（含增值税）的小轿车，购车时缴纳了 14529.92 元的车辆购置税。王小姐很高兴地与朋友分享自己的快乐，但是也得知了让她纳闷的一个消息：朋友李小姐与她购买了同样品牌同样价位的汽车，但是她缴纳的车辆购置税为 12393.16 元。王小姐觉得很纳闷，为什么她会多缴纳 2136.76 元的税呢？王小姐百思不得其解，于是向销售汽车店有关工作人员询问。

原来王小姐的先生在购买车辆后还在 4S 店选购了价值 5000 元的车辆用工具，购买了车辆保险 5000 元，装饰车辆又花费了 15000 元，这些花费统一由 4S 店开具了《机动车销售统一发票》，发票金额合计为 170000 元。这样一来，车辆购置税的计税价格就变成了 170000 ÷ (1 + 17%) = 145299.15（元），需缴纳的车辆购置税 = 145299.15 × 10% = 14529.92（元）。

而李小姐在购车时，除了支付车价款，并没有其他的费用支出，车辆的计税价格为：145000 ÷ (1 + 17%) = 123931.62（元），应缴纳的车辆购置税 = 123931.62 × 10% = 12393.16（元）。

王小姐的先生在购买车辆保险时未使用委托方的票据并入计征车辆购置税，工具用具款 5000 元，车辆装饰费 15000 元由于与购车同时支付，因而也并入计征车辆购置税。就是这几项支出导致王小姐多缴 2136.76 元税款。

个人在购买车辆之前最好做一做"税务筹划"，避免不必要的税负支出。

资料来源：http://wenku.baidu.com/view/5b3224e9172ded630b1cb6fd.html.

【拓展阅读】

购私家车莫忽视"税收筹划"

按我国税法规定，代收款项应区别征税。凡使用代收单位的票据收取的款项，应视为代收单位的价外费用，并入计税价格计算征收车辆购置税；使用委托方的票据收取的款项，不并入计征车辆购置税，按其他税收政策规定征税。市民在购车时，为了方便，可以选择在汽车销售公司办理保险，但是发票应由保险公司提供，这个就属于汽车销售公司代收的费用，无需计入车价。

购车时选购的工具或其他装饰用品，按税法规定是需要计入购车款，并入计税价格征收车辆购置税，如果购车者延迟购买工具或装饰品，则工具款和装饰款都不计入车款，无须征收车辆购置税。

所以，在购车时，没有必要一次性将车辆工具和装备配备齐全，可以选择换一家公司配置，或者延后配置，最重要的是要求经销商将各款项分开并出具委托方的发票，不能只开一个购车总价的发票。这样才能合理减少车购税。

(二) 利用税收优惠进行税务筹划

根据现有车辆购置税有关减免税的有关规定：外国驻华使馆、领事馆和国际组织驻华机构及其外交人员自用的车辆、免税；中国人民解放军和中国人民武装警察部队列入军队武器装备订货计划的车辆，免税；设有固定装置的非运输车辆，免税；有国务院规定予以免税或者减免的其他情形，按照规定免税或减税。纳税人在购置车辆时，要注意运用车辆购置税的一些减免税待遇进行税务筹划。

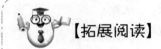 【拓展阅读】

三种情况可退车辆购置税

根据《车辆购置税征收管理办法》（国家税务总局令第 15 号）的规定，车辆购置税只有在以下三种情况下可退税：

（1）车辆被退回厂家或经销商，缴纳的车辆购置税可以退税。《车辆购置税征收管理办法》第 22 条规定，因质量原因，车辆被退回生产企业或者经销商的，缴纳的车辆购置税可以退税。自纳税人办理纳税申报之日起，如果消费者缴纳车辆购置税不满 1 年的，可以全额退税，如果缴纳车辆购置税 1 年以上的，则按已缴税款每满 1 年扣减 10% 计算退税额。

（2）公安机关不予登记注册的车辆，可退还全部已缴税款。《车辆购置税征收管理办法》第 22 条规定，已缴车辆购置税的车辆，应当办理车辆登记注册的车辆，公安机关车辆管理机构不予办理车辆登记注册的，准予纳税人申请退税。公安机关车辆管理机构不予办理车辆登记注册的车辆，纳税人申请退税时，主管税务机关应退还全部已缴税款。

（3）符合免税条件但已征税的设有固定装置的非运输车辆，可办理退税。《车辆购置税征收管理办法》第26条规定，符合免税条件但已征税的设有固定装置的非运输车辆，主管税务机关依据国家税务总局批准的《设有固定装置免税车辆图册》或免税文件办理退税，但发生的滞纳金不予退还。通常，购置设有固定装置的非运输车辆符合免税条件，但是，对纳税人购置未列入免税图册的、设有固定装置的非运输车辆，《车辆购置税征收管理办法》则规定采取先征税后退税的办法。即纳税人应先申报纳税，税务机关在接到免税图册或文件后，再为纳税人退税。符合免税条件但已征税的设有固定装置的非运输车辆，纳税人应填写《车辆购置税退税申请表》，提供完税证明正本、完税凭证。

需要注意的是，所有车辆购置税的退税业务均需纳税人提出申请，提供相关资料，在车辆登记注册地的主管税务机关办税服务厅办理；办理车辆购置税退税提供资料时，税务机关不会要求纳税人提供密码。

本章小结

税务筹划必须综合考虑企业涉及的各税种间的关系。资源税等其他小税种虽然数额并不大，但却与企业的其他税种（如所得税等）密切相关，为了精确计算企业税后收益，必须全面掌握其他税种的筹划要点。本章主要从适用税率和优惠政策等方面对资源税、土地增值税、城镇土地使用税、房产税、契税、印花税、车船税和车辆购置税等税种的筹划要点和基本方法进行了分析。

第八章 国际税务筹划

因地制宜

案例一：日本 H 公司每年都来中国收购花生，每次收购花生时，都会临时派出其公司的海上车间在海上作业，将收购的花生及时加工成花生米，再将花生皮压碎制成板返销回中国，每次的停留时间为 28 天。根据我国税法规定，非中国居民法人公司在中国居留超过半年就必须承担纳税义务，而 H 公司仅在中国海域待了短短的 28 天，即便该公司销售花生皮取得了销售收入，也无需为此缴税。该案例是跨国纳税人通过筹划，缩短生产周期，从而达到回避承担收入来源的纳税义务的典型案例。

案例二：西班牙的一家主营服装业务的 M 公司，准备在荷兰阿姆斯特丹设立一家机构，负责为其收集北欧各国纺织服装的信息。西班牙政府与荷兰政府有税收协定，该协定中规定，类似该种收集信息和情报的机构，无需承担纳税义务。

但是，在实际的运营过程中，该机构承担的职责远非当初所申报的信息收集这么简单，还包括为 M 公司负责借贷及其订货合同谈判等事宜，但因最终合同的签订方为 M 公司的代表。所以荷兰税务部门对此也毫无办法，无法对该机构征税。

资料来源：http://www.study365.cn/Article/jdal/200805/d622398b436af936.html.

【案例启示】 这是运用"假办事机构"的办法，滥用税收协定的例子。通过设立办事机构，同时避免充当常设机构，既可获利，又逃脱了一部分税收义务。

本章您将了解到：

● 国际税务筹划与国内税务筹划的联系和区别

● 人流动与非流动的税务筹划

● 物流动与非流动的税务筹划

● 国际避税地的税务筹划

第一节 国际税务筹划概述

国际税务筹划是国内税务筹划在国际范围内的延伸和发展，两者的根本目的都在于企业利润最大化。

——佚名

一、国际税务筹划的概念

随着经济全球化和贸易自由化的不断发展，我国的企业也开始走出国门，从事国际贸易和经营活动，企业的纳税行为也跨出了国家。在跨国经营过程中，企业的目标也是利润最大化。众所周知，在一定条件下，纳税越多，利润越少，不同国家和地区之间税制差别很大，跨国企业可以充分利用不同国家之间税制的差异、国际税收协定的有关条款，甚至通过国际避税地等手段进行国际税务筹划，从而在跨国经营中获得最大的税收优惠，达到消除或减轻税收负担的目的。

所谓国际税务筹划是指跨国纳税人在对相关国家的税收法律法规熟悉的前提

下，运用合法的方式，对跨国纳税人的各项涉税活动的预先筹划和安排，达到减轻或消除税负的管理活动。

国际税务筹划与国内税务筹划既有联系又有区别。

国际税务筹划是国内税务筹划在国际范围内的延伸和发展，两者的动因和目的基本相同，即都是为了减轻税收负担和最大化地实现经济利益，税务筹划的理念和技术也有交集，如免税技术、抵免税技术在国际税务筹划上的运用。

国内各个税种及要素之间的差异为国内税务筹划的实现提供了客观条件，在国际税务筹划中，跨国纳税人则是利用每个国家和地区之间的税制差异进行税务筹划，因此，与国内税务筹划相比，国际税务筹划更多地利用了各国税制的不同。此外，国际税务筹划通常会涉及两国或两国以上的税收管辖权问题，而在国内税务筹划中，则不存在这样的问题。

需要注意的是，各个国家为了保护自身的税收利益，通常会在本国税法和国际税收协定中增加反国际避税条款，甚至一些国家还专门就国际避税进行了立法，因此，在国际税务筹划时，跨国纳税人必须对这些法律、法规予以特别关注，确保税务筹划的合法性。

二、国际税务筹划的条件

国际税务筹划产生的条件是各国（地区）税制之间的差异，一般来说，在一个国家内部通常都有比较统一的税法，但各国之间的税法往往就不再统一。正是各国（地区）在税法上存在的差异，才产生了国际税务筹划。有关这些差异具体表现为以下几个方面：

（一）各国税收管辖权的差异

税收管辖权是政府主权在税收领域的体现，即一国政府对其税收领域内行使的征税权力。目前，世界上的税收管辖权可分为居民管辖权、公民管辖权和地域管辖权。但是，不同国家或地区在税收管辖权方面存在着很大的差异，一般而言，各个国家不会选择仅使用某一种管辖权，通常都是在地域管辖权、公民管辖权和居民管辖权之间进行组合选择。即使实行单一税收管辖权的国家，也可能在这种管辖权约束范围上有许多不同。即使不同国家实行相同的税收管辖权，在纳税义务确定标准上也有所差异。跨国纳税人运用各国税收管辖权的差异来进行税务筹划，选择最有利的国家或地区，降低税收负担。

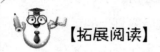 【拓展阅读】

国际税收协定的发展历程

随着企业跨国业务往来的增多，企业的纳税活动也超越了国界，国际税收协定在这种环境下应运而生。世界上最早的国际双边税收协定产生于1843年，是比利时和法国为了解决两国在税务问题上的互相合作和互换情报而签订的协议。第一个防止双重征税的协定产生于1899年，奥匈帝国和普鲁士王国之间提出，不动产所得、抵押贷款利息所得、常驻代表机构所得以及个人劳务所得，可以由收入的来源国征税；其他类型收入所得由居住国征税即可。1925年，欧洲七国（比利时、捷克斯洛伐克、法国、意大利、荷兰、瑞士、英国）组成的国际联盟组织的专家委员会提出了一份报告，报告指出，由于各国税制差异较大，无法设立一个放之四海而皆准的消除重复征税的税收方法，各国需根据其实际情况，通过国与国之间的双边协定，商定妥善的解决问题的方法。1929年为深入研究国际税收问题，国际联盟任命了一个常设委员会。通过对35个国家的税收情况调查研究，对于跨国企业的所得税提出了两种计算方法：一种是单独核算法；另一种是比例分配法。1943年国际联盟财政委员会在墨西哥会议上通过的《墨西哥文本》，这份税收协定范本强调了收入来源地国家的优先征税权。

资料来源：http://www.chinaacc.com/new/253/257/283/2006/1/ad9459153735171 600212355.htm.

（二）税基的差异

不同的国家有时候所征收的税种也不尽相同，如虽然大多数国家对纳税人的所得和财产转让都课税，但是有些国家却不征税。即使对这些所得都征税，但是对于同一税种，其税基也有高有低。以所得税为例，所得税税基为应税所得，但在计算应税所得时，在税率一定的条件下，税收负担的轻重就决定于税基的大小，由于各国对各种扣除项目的规定的差异往往很大，从而造成了跨国纳税人在取得相同的收入时，他们的应税所得额并不相同。因此，跨国纳税人可以以税基的差异进行税务筹划，选择最有利的国家或地区，降低税收负担。

（三）税率的差异

一般来说，各个国家一般都根据本国的经济状况，确定适合本国国情的税率。这就导致了即使同样征收一种税种的国家，在征收税率上可能存在较大的差异。当一个国家的税率较其他国家的税率低时，跨国纳税人就可以通过将其收入转移到低税率国，以获得低税待遇，降低税收负担。

第二节　国际税务筹划的方法

利用人与物的流动和非流动方法来实现国际税务筹划，其中的收入成本法是企业惯用的避税魔术。

——佚名

国际税务筹划和国内税务筹划的目的一样，都是为了避免或减轻纳税人的税务负担，而在国际税务筹划中，要避免缴纳税款，避开国家税收管辖是一种非常重要的方法，主要可以通过"人"和"物"的流动和非流动来达到这一目的。这里的"人"既包括企业法人，也包括自然人，"物"是指征税对象；"流动"是指"人"或"物"发生的运动，"非流动"是指"人"或"物"虽然没有发生运动，但通过采取某种手段，达到发生运动的效果。国际税务筹划的基本方法包括：人的流动税务筹划法、人的非流动税务筹划法、物的流动税务筹划法和物的非流动税务筹划法。

【拓展阅读】

欧洲税务联合会使税务筹划步入正轨

西方最早产生财税规划，早在 19 世纪中叶，意大利就出现了税务专家为纳税人提供税务咨询和建议，其中一项重要的工作就是为纳税人进行纳税筹划，在 20 世纪 30 年代，财税规划在美国、英国等国中也开始广泛应用于税收实践中。税收筹划是税务咨询的一项重要业务，所以税收筹划的起源与税务咨询密不可分。现在，一谈到税务筹划，一般会想起欧洲税务联合会。虽然早在 19 世纪意大利就出现了一些专门从事税务咨询的税务专家，但是，直到 1959 年，在法国巴黎，欧洲 5 个国家专门从事税务咨询工作的专业团体共同成立了欧洲税务联合会（CFE）成立，税收筹划才算步入正轨。从那时开始，从事税务咨询及纳税筹划的人员才有了自己的行业组织。会员在税务咨询和筹划方面具有极其丰富的经验，该联合会的成立具有重要意义，它极大地促进了财税规划业的发展。同时也说明在这些国家，当时纳税筹划已经得到了政府的认可。目前，欧洲税务联合会共有会员 15 万（个），分别来自奥地利、比利时、瑞士、德国、英国、丹麦、西班牙、法国、意大利、卢森堡、荷兰等 22 个欧洲国家。它明确提出税务专家是以税务咨询为中心开展税务服务，同时从事纳税申报表、财务会计文件的填报和编制以及对行政机关、法庭和纳税人的代理等业务，这与日本税理士、韩国税务士和中国的税务师的工作有着明显区别，后三者是将税务代理放在前面，于是真正形成了一种独立于税务代理业务的新业务，这种业务的一个重要内容就是税收筹划。

一、通过人的流动

人的流动税务筹划法是指一个国家税收管辖权下的纳税人，通过居所的变动，改变居民身份，成为另一个国家税收管辖权下的纳税人，或避免成为任何一个国际税收管辖权的纳税人，以规避或减轻其总体纳税义务的国际税务筹划方法。其具体方法有：

（一）通过改变个人住所

国际税务筹划中，国家要对跨国纳税人行使税收管辖权，首先要断定纳税人是否为本国居民，对于跨国纳税人的居民身份的判断，各国有不同的标准，这就为税务筹划留下了空间。对纳税人而言，如果处于高税国，其承担的税务负担远比处于低税国的税负负担更重，纳税人可以通过筹划，将住所从高税国迁移往低税国；也可以通过改变住所，变成高税国的非居民身份，具体方法包括：永久迁移法、短期迁移法和部分迁移法。

永久迁移法是指纳税人永久地移居至低税国的国际税务筹划方法。纳税人居住在高税国，所需要承担的税负，如所得税、财产税等，相对来说要比低税国缴纳的税款多得多。选择这种方法的，一般有两种人：一是已退休人员；二是在某国居住，但是在另一国工作的人。这两种人，通过把住所迁往低税国，成为低税国的居民，降低税负负担。

短期迁移法是指纳税人把其住所短期性地迁往低税国的国际税务筹划方法。

部分迁移法是指，纳税人根据法律规定，将构成住所的部分迁往低税国。但事实上，各国法律对构成住所的条件规定都有所不同，因此，跨国纳税人可以利用各国法律的差异，将法律规定构成住所的部分迁往低税国，同时，在高税国还保留着其他一些构成其住所的东西。当然，这种不彻底的迁移方法，很可能会为当地税局留下课税的理由，风险比较大，在选择使用该方法时应谨慎。

（二）通过改变公司住所

很多国家在判定一个公司是居民公司还是非居民公司时，就是看该公司在本国是否有住所，这就给跨国纳税人筹划留下了空间。但是，法人居所的转移，涉及的因素比较多，如厂房、生产设备、办公场所的重新转移成本较大，有些物品还无法带走，在选择这种方式的时候，跨国纳税人需要慎重考虑。

二、通过人的非流动

在国际税务筹划中，跨国纳税人可以选择通过人的流动，规避或减轻其纳税义务，但是采用人的流动的方式，太过于直接和明显，容易引起税务有关部门的注意，特别是法人居所改变时，成本还会比较高，因此，也可以通过人的非流动方式，同样能达到节税效果。人的非流动税务筹划法是指跨国纳税人不需要将住所迁离出某国，但已无需纳税或已改变了纳税性质，以规避或减轻其总体纳税义务的国际税务筹划方法。其具体方法有：

（一）虚假转移

虚假转移是指纳税人在不违背法律法规的前提下，通过一系列的策划，虽然其居所在事实上没发生转移，但在法律上已迁出了高税国，对该国不再承担纳税义务或者承担有限的纳税义务。如果一个高税国的企业纳税人可以从形式上证明他已经不是这个国家的居民，即便实际上他是这个国家的居民，其纳税义务还是可以减轻，甚至消除。由于各个国家对于住所或居所的法律规定并不一样，这就为企业纳税人利用住所或居所的虚假转移留下了空间。

【拓展阅读】

英国的居民公司如何变为非居民公司

（1）不在英国召开理事会或者股东会，会议记录不在英国整理。

（2）改由一个是英国非居民的人担任常务董事。

（3）所有公司的英国股东不再参加公司的管理，他们放弃其股份的表决权，只保留自己在财务利益上的权利。

（4）如果遇到紧急的交易，需要立即开会并做出决定的，就建立一个独立的英国"服务公司"，按照一定的利润纳税，这样，只有少量的利润在英国纳税。

（5）"外国的"会议记录，包括详尽的和大量的能够证明"确实"是在国外做出经营决策的一些情况。

（二）利用信托形式

信托是指委托人将其财产所有权转给受托人，并委托受托人为其指定的受益人的受益而对财产加以保管和经营。利用信托形式是指纳税人通过建立信托财产或其他信托关系，将财产交由他国的信托公司代为管理，造成人与所得财产在法律上分离的状况，从而规避纳税义务的筹划方式。

如果某公司在一高税国拥有财产，该财产会产生收益，高税国的税负较重，此时，该公司可以选择将该笔财产委托给某家处于国际避税国或地区的信托公司，将该笔财产交由其代为管理，避免高税国的即期税负，或达到延期纳税的效果。当然，跨国纳税人也可以选择自行在国际避税地建立一信托公司，通过各种方式，将在高税国赚来的钱都转移至该公司名下。

世界各国对信托的法律法规差异很大，采用这种方式时，要注意信托形式和地点的选择，不同的信托形式和地点可能会产生截然不同的效果，这就要求纳税人必须对有关国家和地区的税制有相当程度的了解。

（三）套用税收协定

目前，世界各国普遍采用缔结双边税收协定来解决跨国交易中存在的双重征税问题。为了更好地调节两国之间的税收利益分配，缔约国双方都必须作出一定的让步，使得双方的居民都能享受到税收优惠，并且只有缔约国一方或双方的居民才有资格享受此种优惠。但是，随着资本跨国自由流动的增加和新经济实体跨国自由的建立，为跨国税务筹划提供了更大的空间。如跨国企业可以将从一国往另一国的投资通过第三国迂回进行，使其可以适用不同国家的税收协定，获益的空间更大。

三、通过物的流动

物的流动是指一国纳税人通过利用物的转移，如资金、货物或劳务等纳税课题的移动，将纳税客体从高税国税收管辖权下移至低税国税收管辖权下，或变成不属于任何一个国家税收管辖权的纳税客体，以达到总体减轻税负目的的国际税务筹划方法。相比于人的流动，物的流动的税务筹划方法更为隐蔽，因此也越来越受到跨国纳税人的青睐，其具体方法主要有：

（一）避免成为常设机构

国际税收协定对常设机构是这么规定的："常设机构是指企业进行全部或部分营业的固定营业场所。"世界上大多数国家会利用"常设机构"的概念，来确定是否对非居民个人或公司征税的依据，如果跨国公司所在收入来源国设立了常设机构，营业利润与其常设机构有关，收入来源国可认定其取得的营业利润来源于该国境内，就可对其行使地域管辖权，可以对该所得征税；如果跨国公司对收入来源国属于非居民法人，又不构成常设机构的，收入来源国就不能对其所得征税。

跨国纳税人可以选择一些不在常设机构之列的经营方式，避免成为常设机构，来避免在非居住国纳税。现代发达的通信技术和先进的生产方式，都为该种筹划方式提供了各种便利。

（二）利用常设机构转移收入与费用

跨国纳税人可以通过利用各国税法的差异，在国外设立常设机构来转移各种收入和成本，同样可以达到减轻税负的目的。当一个跨国公司进行国外投资时，如果公司选择了设立常设机构，就必然会面临利润分配的问题，需要选择利益分配的方法。目前，国际上有两种通行方法：一是直接分配法，这种方法中，常设机构被视为一个独立的经济实体，自负盈亏，独立核算，如果选择这种利益分配方式，跨国纳税人无法将成本和收益转移，显然无筹划空间；二是间接分配法，这种方法中，国外常设机构和总机构被视为同一个法律实体，可以采用平均分配法，将总机构发生的费用和利润分摊至国外各个常设机构，采用这种利益分配方法的话，可以根据总机构所在国和各个常设机构所在国的利润分配情况来确定成本利润的转移，就为税务筹划提供了可能性。

（三）利用转让定价

跨国纳税人在国际经营过程中，可建立子公司或选择成立常设机构；在需要的时候也可以通过收购、兼并等方式取得国外企业的控制权，这时，原本是跨境的交易，则变成了跨国企业集团的内部关联企业之间的交易。因此，跨国企业集团可以利用这种方式，通过转移价格来实现关联企业的收入与费用之间的重新分配。这种方法在国内税务筹划中较常见，但因国家间的税收差别更大，为企业减轻税负提供了更大的筹划空间。

跨国纳税人为达到转移利润、躲避税收的目的，经过有关联各方交易人商定，协议交易按高于或低于正常市价确定的内部价格进行，从而改变关联企业之间收入与费用之间的调节，达到规避和减轻税收负担。跨国纳税人使用转移价格，一般是为了减轻关税税负、减轻公司所得税负、规避预提所得税。

四、通过物的非流动

物的非流动税务筹划法是纳税客体虽然在法律形式上并没有产生国境的转移，但只需利用税法的某些规定，仍可实现减轻税负目的的国际税务筹划方式。要实现物的非流动的税务筹划，一般需要纳税主体或客体的转移为前提，其具体方法有：

（一）利用延期纳税

在国际经营过程中，延期纳税是指在实行居民（或公民）管辖权的国家，本国母公司需要在外国子公司将股息汇给母公司之后，才对所取得的这项利润征税。显然，跨国公司可以利用这项规定，在低税国的子公司经过一段时期的财产累计后，再将该项收入以股息的形式汇回，如此一来，跨国纳税人可以利用该规定，延迟缴纳税款，为集团争取了一笔流动资金，增加了资金的时间价值。

（二）选择经营方式

跨国公司在对外投资的过程中，有两种不同的组织方式可供选择，即组建子公司和建立常设机构（主要是分支机构，如分公司、分行、分店等）。这两种组织方式各有优缺点，具体哪种方式更为有利，取决于当时的经济和非经济的条件，也取决于跨国公司所需要实现的目标。因此，跨国公司在对外投资时，需要根据公司的实际情况和需要，长远规划，谨慎选择。常见的方式是：在初始的投资阶段，因对当地的经营环境不够熟悉，通常都会亏损，选择成立分支机构，产生的亏损可以抵冲总公司的盈利，减少应纳税所得额；当经过一段时间的经营，分支机构开始盈利后，再变为子公司，从而享受延期纳税的好处。需要注意，这种转变与国内的分公司变子公司的转变有所不同，由此产生的资本利得可能要纳税，事前也许还要征得税务和外汇管制当局的同意。

（三）改变所得性质

资本弱化是指跨国纳税人为了减少应纳税额，不采用股权方式，而是采用债权的方式进行投资或融资。由于各国对股息和利息的税收政策的差异，可以在同样多的投资和同样高的回报率的情况下，通过对国际投资回报的股权收益和债权收益的选择，来减少跨国企业法人的纳税义务。

第三节　国际避税地的税务筹划

尽可能地选择国际避税地进行投资是减轻企业税负的重要手段。

——佚名

一、国际避税地的概念

在当今世界，许多国家或地区往往出于某种考虑，如吸引外国资本流入，弥补自身的资金短缺或改善国际收支状况，会在本国或本地区划出部分或全部区域给予不纳税或少纳税的税收优惠。对于这些国家或地区，国际上一般称为国际避税地。

国际避税地是国际税务筹划的中心，跨国纳税人的国际税务筹划，特别的避税活动，往往都是利用国际避税地进行的。所谓国际避税地是指具有如下特征的国家和地区：对一些所得税和一般财产税免征税，如果征税，税率也远低于国际一般负担水平，或者具有特定税收优惠的国家或者地区。

需要注意的是，国际避税地与一般的税收优惠政策有所不同，为什么呢？可以这样来理解：一般而言，为了避免重复纳税，世界上所有的国家的地区对于跨国纳税人都或多或少的提供一定的税收优惠政策，但是，并非提供了税收优惠政策的国家或者地区都可以称为国际避税地，一个地区是否是国际避税地，可参照上文所提及的几点特征，其所提供的税收优惠政策要远低于这些国家和地区一般税收负担。

二、国际避税地的类型

按照国际避税地所提供的税收优惠政策的差异，当今世界上的国际避税地大体可以分为三种类型：

（一）纯国际避税地

在纯国际避税地中，所有的收入所得与财产都无需纳税，即不征直接税，如收个人所得税、企业所得税和遗产税等都不用纳税。在国际避税地中，在此地区开展投资和经营活动的企业和个人，对其投资或经营所得无需缴纳财产税或所得税。属于纯国际避税地的国家和地区主要包括百慕大、开曼群岛、巴哈马、索马里、新喀里多尼亚、圣埃尔和密克隆等。

【案例 8-1】

避税乐园

甲国的大型跨国公司 A 公司，在百慕大设有子公司。A 公司向乙国的 B 公司出售了一批价值 3000 万美元的家具，该批家具的成本为 1000 万美元。A 公司适用的所得税税率为 35%。

如果按照成长交易，A 公司必须为这笔销售收入缴纳所得税额如下：

$(3000 - 1000) \times 35\% = 700$（万美元）

如果 A 公司选择将该笔交易通过百慕大的子公司进行，百慕大没有所得税，A 公司也就无需为该笔收入纳税。

A 公司通过"虚设避税地营业"，该笔交易也未在甲国 A 公司的账面中出现，百慕大的子公司有收入进账，但无需为此纳税。如果子公司选择将该笔收入重新投资，投资所得也无需纳税。

（二）准国际避税地

准国际避税地与纯国际避税地不同，纯国际避税地是对该地区的任何所得和财产都不征税，而在准国际避税地中，只是对某些所得和一般财产不征税，或者某些一般财产不征税，但税率远低于国际一般税负水平。属于准国际避税地的国家和地区主要包括安哥拉、安提瓜、泽西岛、巴林、以色列、列支敦士登、牙买加、新加坡、哥斯达黎加和中国香港及中国澳门等。

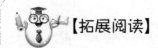

【拓展阅读】

国际避税地来源

根据有关资料记载，早在中世纪，就产生了国际避税地，当时在汉撒同盟的城市，汉撒商人居住在伦敦，享受一切税收豁免的权利。因此，世人认为，汉撒同盟城市的繁荣税务待遇功不可没。历史发展至今，面对激烈的国际竞争，商人的逐利需求也驱使着跨国纳税人千方百计地向全世界搜寻能够使得税负义务最小化的地方，国际避税地就是在这种需求下应运而生的。

现代避税地最早起源于避难所，当时人们并非为了避税而将财富转移到这些被后人称为避税天堂的地区。根据有关资料记载，瑞士是现代最早的避税地。在第二次世界大战开始之前，很多国家政局不稳，而瑞士社会稳定，在这种情形下，为了避免社会动乱带来的财富损失，德国、俄国、南美和西班牙等地的富人手中的资本就向瑞士转移，慢慢地，瑞士政府就累计了大量的财富，瑞士政府和避难者都各自获利。后来，随着经济的繁荣，欧洲国家和美国都提高了税负，跨国纳税人所承担的税收负担就比较重，在这种情形下，现代避税地也就相应地适应了这种情况，作为首先是逃避税收的场所而出现了。所以，从上文所述不难看出，作为最早的现代避税地，一般来说是政治上相对稳定的中立国。

（三）税收特例

在这些国家和地区，实行正常征税，但对某些特殊的项目提供税收优惠。属于税收特例的国家和地区主要包括卢森堡、荷兰、比利时、希腊、爱尔兰、英国、加拿大、菲律宾等。

三、利用国际避税地的税务筹划

（一）将常设机构设立在国际避税地

一般而言，现行的法律都规定了跨国公司常设机构必须对其来源于常设机构的所得向常设机构所在国纳税，如果常设机构所在地设立在国际避税地，其所得完全无需纳税或承担的税负较轻，因此，选择将常设机构设立在国际避税地，则成为了跨国纳税人税务筹划中常见的一种方式。

在跨国经营的过程中，虽然各地设立了分支机构，但跨国企业的主要管理工作，是集中在总公司中进行的，这样就产生了总机构和各个机构之间通常要进行收入和费用的分配的问题，因此，收入和费用如何在总公司、分支机构之间进行分配，如何确定常设机构的利润，就变成了跨国公司进行税务筹划的重要方法。因此，跨国纳税人可通过利用费用分配弹性大以及各国税法的差异，把应税所得转移到国际避税地，降低纳税人的税务负担。

（二）通过基地公司进行税务筹划

1. 建立具有独立法人身份的基地公司

一个国家，对本国法人来源于国外的收入所得不征税，或者征税税率非常低，外国公司可利用该点规定，把该国变成国外经营活动的基地，称为基地国；为了与第三国公司更好地进行业务来往，在基地国建立了企业法人，就变成了基地公司。

基地公司又分为典型基地公司和非典型基地公司。如果 A 国有家甲公司想在 C 国开展经营活动，经过对各国税法的比较后，它选定了一国际避税地 B 国，在 B 国建立乙公司，通过 B 国的乙公司向 C 国进行各项经营活动。在此，乙公司被称为典型基地公司（见图 8-1）。

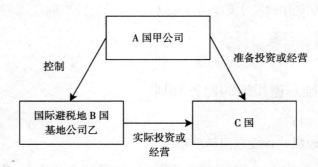

图 8-1　典型的基地公司

甲公司所处的 A 国有规定：对外国公司来 A 国投资给予税收优惠，本国公司不享受此项优惠政策，而甲公司想在 A 国开展经营活动，此时，甲公司可以选择在一国际避税地 B 国成立乙公司，再通过乙公司来 A 国开展各项投资和经营活动，从而可以享受 A 国的税收优惠政策。这时乙公司被称为非典型基地公司（见图 8-2）。

图 8-2　非典型基地公司

2. 通过开展中介业务

跨国投资人建立基地公司的目的在于让这些公司在其国际投资和经营活动中发挥作用，基地公司要参与跨国投资人开展的国际交易活动。在跨国投资中，通过国际避税地公司开展的业务，就是中介业务。母公司原本直接向一家子公司提供产品或劳务，但是为了避免承担高税负，改为由国际避税地中的基地公司向该子公司提供，由此所取得的收入也全部或者部分留在国际避税地。长年累积下来的利润，通过再次投资或其他方式，享受利息扣除或其他的优惠条件后，再次流回高税国或者是流向其他国家。在实践中，基地公司与其关联企业间开展的中介业务，经常是一种账面上的文字游戏，不会发生真正的业务往来。

【案例 8-2】

某跨国公司的国际避税筹划

甲公司是 A 国的一家跨国公司，为了方便业务往来，其在索马里设立了一家子公司。甲公司向 B 国出售了一批价值 2000 万美元的货物，该批货物的销售成本为 800 万美元。在 A 国，甲公司适用的所得税税率为 30%。如果按照正常交易，甲公司需要为该笔交易缴纳所得税为：

$(2000 - 800) \times 30\% = 360$（万美元）

但该公司通过筹划，选择将该笔销售收入转入其在索马里的子公司，索马里没有所得税，无需为该笔收入缴纳所得税。

资料来源：陈岩. 经济全球化条件下跨国公司的国际避税行为 [J]. 生产力研究，2006（12）.

3. 在中介业务中使用低进高出的转移价格政策

在中介业务中，跨国纳税人在制定价格时，如采用正常交易的原则，那么失去了交易的目的。在正常交易价格下，可以转移的利润空间十分有限，只有实行低进高出的转移价格政策，才可充分地实现减轻税负的效果。

本章小结

在税务筹划的实践中，国际税务筹划的形式多种多样，涉及的范围也相当广泛。国际税务筹划的方法主要有人流动与非流动的税务筹划、物流动与非流动的税务筹划。其中，人流动与非流动的税务筹划主要是通过纳税人住所的真正迁移与虚拟迁移、不迁移等实现节税的目的；物流动与非流动的税务筹划主要是利用常设机构和关联企业与税收优惠政策、低税点以及资本弱化等方面实现节税的目的。

国际避税地的税务筹划是通过在避税地设立常设机构和基地公司进行税务筹划，它是跨国公司常用而有效的税收筹划方法。

第九章　税务筹划发展的新趋势

跨国税务筹划的策略

经济的全球化，一方面为我国企业实现跨国经营提供了广泛的国际平台，另一方面也使得我国的企业在面临激烈的国内竞争的同时，还需面临来自外国企业的压力。进入国际市场，如何更好地获取竞争优势？也是我国企业当前面临的困境。因此，跨国税务筹划，尽可能使得企业利润最大化，也是企业在激烈的市场竞争中获得竞争优势的途径之一。

跨国税务筹划的方式包括：对投资国家、投资组织形式的选择降低税负；通过应税收入的转移降低税负。具体的途径有：在经营的过程中选择有利的国家和组织形式，筹资的过程中设立国际控股公司，避免成为常设机构等。

（一）在经营过程中通过选择有利的公司组织形式进行税务筹划

公司在对外投资时，可以选择建立分公司或者建立子公司两种不同的组织形式。二者组织形式各有利弊，子公司具有独立的法人实体，在设立国被视为居民纳税人，要承担无限的纳税义务；分公司则不具有独立的法人实体，在设立国不被视为居民纳税人，承担的纳税义务也有限，其所取得的利润或亏损与总公司合并在一起计算，因此，如果分公司亏损的话，可以抵减总公司的盈利，减低纳税金额。跨国公司在对外投资时，初始阶段往往会亏损，盈利的可能性不大，因此，在对外投资初始阶段，跨国公司可以选择设立分公司，其亏损可以抵减总公司的盈利，减少应纳税所得；当分公司的业务慢慢发展了起来，此时，设立子公司对其开展业务更加有利。公司对外投资，除了开办初期需要精心选择公司的组织形式外，在生产经营的过程当中，也可以根据公司实际情况的变化，通过兼并、收购等方式进行税务筹划，降低公司纳税金额。

（二）在投资过程中通过设立国际控股公司进行税务筹划

跨国公司对外直接投资或者购买国外公司的股份时，会取得股息收入，此时，东道国对汇出股息会征收预提税。虽然有政策规定，母公司直接缴纳的预提税和间接缴纳的外国公司所得税可以在居住国进行抵免，但在抵免本国税收时，两者之和不可超过抵免限额。这样一来，如果东道国的预提税率过高，就会出现超限额抵免的情形。在这种情况下，跨国公司可以选择在一个有广泛税收协定的国家建立国际控股公司，再通过该控股公司向国外子公司参股，如此取得的股息收入即可享受来源国的预提税优惠。但是，如果控股公司所在国对本国居民公司来源于国外的股息征收公司所得税，跨国公司的税负依然较大，还是达不到降低公司总体税负的目的；如果控股公司所在国对本国居民公司来源于国外的股息无需征收公司所得税，则可采用此种方式进行税务筹划。公司在选择设立国际控股公司时，应当注意所在国是否具备以下条件：有广泛的税收协定；对本国居民国外取得的股息免税或低税率；向非居民支付股息征收的预提税尽可能低。目前，荷兰、塞浦路斯等国家都具备这些条件，成为许多跨国公司设立国际控股公司的第一选择地。

（三）通过避免构成常设机构进行税务筹划

常设机构是指企业设立全部或者部分营业的固定场所，它是用来确定企业是否和某国有实质性的联系，成为缔约国判定是否对归属于该常设机构的营业利润征税的标准。在跨国经营的过程中，如果不设置常设机构，选择其他方式，如货物仓储、广告宣传、提供信息等辅助性营业活动，一样可以完成其在缔约国的业务生产经营活动，则避免了承担在该缔约国的部分纳税义务。

资料来源：孙晓妍. 跨国公司税务筹划策略分析 [J]. 财会通讯，2007 (11).

【案例启示】经济的全球化使得企业面临的竞争更加激烈，税务筹划也因此走向了全球化和专业化的舞台。

本章您将了解到：

● 税务筹划的全球化

● 税务筹划的专业化

第一节　税务筹划将走向全球化

在全球化经济的影响下，越是成功的跨国企业，越要将企业的税务筹划推向全球化的舞台。

——佚名

伴随着经济全球化的不断深入，企业开始在全球范围内进行投资、筹资和经营等一系列经济活动，从而使得"经济国界"变得越来越模糊。与此相对，跨国公司作为经济全球化发展最重要的内在动力，近年来取得了迅速的发展。跨国公司为了实现其全球化的利益，必然会将其税务筹划从国内视野逐渐向国际视野转变，实现其在全球范围内的税收负担的最小化，这就扩大了税务筹划的空间范围，即税务筹划开始走向全球化。

对我国企业来说，在改革开放前，由于经济比较封闭，而且大多数企业属于国有企业，从而使得我国企业很少积极地使用税务筹划手段来降低税收负担。改革开放后，随着经济体制不断改革和国有企业的改制，市场的竞争越来越激烈，企业要想生存和发展下去，就必须降低成本，从而开始了运用税务筹划来降低税收负担的应用。进入 21 世纪后，我国开始实施"走出去"战略，更多的企业将逐步开始在国际上进行投资、筹资和经营等活动。面对这样一个事实，对我国企业来说，如何从全球范围内降低税收负担是一个需要思考的问题，也必将是未来税务筹划发展的一个新趋势。

　　既然企业投资经营活动开始步入国际化，那么企业也必须在全球范围内，寻求最佳的税务筹划方案，才能最大限度地降低企业税收负担。税收作为影响企业生产成本的一个重要因素，伴随着企业对外投资经营活动的日益增多，企业的税收负担不仅受所在国的税收政策的影响，而且更大程度上取决于跨国企业的经济活动所在国的税收政策。在这种情况下，如何避免国际双重纳税，跨国企业就需要利用各国税收政策的差异、关税协定以及国际避税地等条件来降低企业税收负担，实现企业全球利益的最大化。与此同时，跨国企业为了实现其全球经济利益的最大化，其投资经营活动往往具有长期性和连续性的特点。因此，企业在进行国际税务筹划时，为了企业的长远发展，必须对各国的投资环境，如经济形势、税收法律法规和税收制度等做充分的研究，必须对企业的投资战略和经营活动有长远的规划，从而使得税务筹划在时间上具有长远性。

第二节　税务筹划将走向专业化

专业的税务筹划才能帮助企业在复杂的经营环境中合法节税避税。

——佚名

　　税务筹划作为一个系统性的工作，受到企业内外部各方面因素的影响，从而必然使税务筹划走向专业化的阶段。首先，税务筹划涉及企业的投资、筹资和经营等各种经济活动，这就要求企业的税务筹划人员不仅要对各种税种的法律规定具有良好的专业知识，而且还要能够对各项经济活动进行综合的衡量和考虑，从而使得税务筹划具有极大的综合性和复杂性。此外，随着我国税收法律制度的日趋完善，税收征管水平的不断提高，对于企业的偷税、漏税的打击力度也越来越强，从而使得企业采用偷、骗、逃等不正当手段降低税收负担的风险越来越大，在这种情况下，对企业税务筹划人员的专业知识的要求也越来越高。而且，面对跨国公司进行的全球性的税务筹划，各国政府为了防止税收流失，开始不断地完善反避税的立法，并加强税收征管力度，这就要求对世界各国的税收法律和法规、相关的税收协定等内容有相当的了解，而这些并不是单一的企业的税务筹划人员可以做到的。

面对税务筹划本身的复杂性和各国不断推出的惩罚避税措施，为了能够实现在涉税零风险的前提下，成功实施税务筹划方案，降低企业税收负担，对企业的税务筹划人员提出了越来越高的要求。税务筹划人员不仅要求精通税收法律法规和财务管理等专业知识，更重要的是能够站在企业战略的角度去思考问题，在更大范围内实现税收负担最小化。这时，企业本身的税务筹划人员可能就达不到要求，或者企业本身认为用高薪来"养着"这方面的专家并不经济，从而使得以提供税务筹划服务的中介机构获得了迅速的发展。由于中介机构从事税务筹划的专业性，使得它们不仅具有高度的专业化知识，而且还能对各国的税收法律和法规的变动做到及时的了解和运用。与企业通过自身税务筹划人员的力量来进行税务筹划相比，极大地降低了成本，使得企业越来越多地利用外部中介结构来进行税务筹划，表现为税务筹划越来越具有专业化的特点。

正是由于税务筹划的高度复杂性使得企业通过自身进行税务筹划变得越来越不现实，而通过提供税务筹划服务的外部中介机构，则可以有效地提高企业税务筹划方案的质量。外部中介机构拥有多年从业经验的专业人才，能熟练掌握各种税收政策，快速接收和解读各类信息，准确把握市场脉搏和深刻地洞察企业意图，基于此，企业的税务筹划开始更多地依赖于从外部市场中获得支持，通过从外部中介机构购买所需要的服务，实现自身利益的最大化。总之，面对税务筹划越来越走向"全球化、专业化"新趋势，企业应当站在全球化的角度，通过同市场上外部中介机构的合作，以长远的发展眼光来进行税务筹划。

本章小结

经济的全球化使得企业开始在全球范围内开展经营活动，"经济国界"也已不复存在，跨国公司成为了众多企业经营所追求的主流，从而使得税务筹划必将从国内视野逐渐转向国际视野，实现在全球化的舞台上税负的最小化，提升企业的国际竞争力。

税务筹划本身的复杂性以及国际税务环境的复杂性要求企业的税务筹划人员必须具备高度专业化的税收知识，帮助企业在复杂的经营环境中节税、避税，减轻税负负担。

第十章 税务筹划的哲学与艺术

"税务筹划"：合理避税还是偷税？

"税务筹划"的本意是好的，即在合法的前提下帮助个人或企业少缴税。然而在实际的运作过程中，"税务筹划"在我国很多地方却已经被歪曲了。提起"税务筹划"，一些人甚至戏称为"变魔术"。因为很多时候，只要经过税务筹划师的"筹划"后，单位或个人要上缴的税收就会突然少了一半。

客观地说，避税与偷税虽然在概念上很容易加以区分，但在实践当中，二者的区别有时确实难以掌握（从法律的范畴来说，合理避税是以合法的手段和方式来达到减少缴纳税款的经济行为。而偷税是指纳税人以不缴或者少缴税款为目的，采取各种不公开的违法手段，隐瞒真实情况，欺骗税务机关的行为）。有时，纳税人避税的力度过大，就成了不正当避税，而不正当避税在法律上就可被认定为是偷税。

有一个例子很能说明问题：目前，我国税法对福利企业实行一定的税收优惠。按照企业所得税法规定：福利企业凡安置"四残"人员占生产人员总数35%以上的，暂免征收企业所得税；凡安置"四残"人员占生产人员总数的比例在10%~35%的，减半征收企业所得税。因此，有些企业为了享受这条税收优惠，在社会上广招残疾人员，使本企业的"四残"人员达到税法规定的比例。但这些残疾人员在被企业招募为职工后又被放假回家，每月只领取少量的生活费。

"'避税'向前迈一步就是'偷税'"，对企业的这一做法，有人说是属于税务筹划，但实际上，这一做法是明显地在钻法律的漏洞，属于偷税行为。

资料来源：http://www.ice8000.org/china/xinxi/show.asp?n=75934.

【案例启示】比起一些发达国家，我国的税务筹划起步较晚，一些人对"税务筹划"的理解仍然存在误区：一是不懂得避税与偷税的区别，把一些实为偷税的手段误认为是避税；二是明知故犯，打着税务筹划的幌子行偷税之实。对于企业来说，只有端正认识，合理避税并且遵守社会道德规范，才能从成功走向卓越。

本章您将了解到：

● 税务筹划的道德和法律问题

● 税务筹划的"天时、地利、人和"

第一节　法律与道德的拷问

避税可能合法，但却不道德。

——劳德·邓宁

古人云："心中之恶不算恶，行为之恶才是恶；心中之善才是善，行为之善未必善"。人们为何会产生以上两种截然不同的认知呢？这是由所选用标准的不同造成的：前者是从法律的角度看待问题，认为法律看重事实；后者则是从道德的角度看待问题，认为道德看重良心。对于税务筹划来说，一方面，它能够降低企业的税收负担，增加企业的税收收益；另一方面，它也会相应地减少国家的税收，降低国家财政收入。因此，税务筹划也同样面对着"法律"和"道德"问题，即企业是否应该进行税务筹划这一问题。不同的人对这一问题的看法有着不同的见解，可谓仁者见仁、智者见智。

伴随着经济体制改革的不断深化，我国逐步建立了以企业为中心的市场经济体制。在这一经济体制下，作为市场经济主体的企业，已经不再是国家结构控制国民经济的延伸物，也已经不再以向国家上缴多少税款作为其最终目标。企业越来越关注的是如何在激烈的市场竞争中生存和发展下去的问题，从而开始以追求自身利益最大化作为其最终目标。因此，寻求一些合法的手段来发展壮大自己，而税务筹划作为企业降低其税收负担、增加税收收益的一种手段，必然成为了一个重要选择。

当然，企业在进行旨在实现自身利益最大化的活动时，必须遵守国家相关税务的法律和法规，并符合国家税法的立法精神，这是税收筹划的基本要求。此外，税务机关也应该依法加强税收征收管理，避免国家税收的流失，这也是国家依法行政的基本要求。但只要双方都在税法的前提下工作，各自并没有对错之分。一方面，既然企业要生产、发展下去，那么利用税务筹划来降低税收负担就无可厚非。只要企业进行的税务筹划没有违反相关的税收法律和法规，就不应该受到谴责。另一方面，税务机关不能用某些道德的标准来要求企业，不能以企业缴纳税款的多少作为衡量企业的行为是否道德的标准。

我们应该把税务筹划看成是中性的，没有对错之分。只要税务筹划符合相关税收法律和法规就可以，而没有必要以道德的标准来要求企业多缴税款。但纳税人在通过税务筹划为企业谋取最大利益的同时，也应该牢记企业所必须承担的社会责任和所遵守的社会道德和社会规范，放眼于整个社会的长远利益。

第二节　天时、地利、人和

税务筹划的成功实现需要一个有利的大环境。

——佚名

税务筹划作为一项系统性工作，必然受到企业内外部各个方面的因素的影响。企业要想成功实现税务筹划、降低税收负担，就必须时刻关注税务筹划的"天时、地利、人和"。在税务筹划中，这三个词的含义如下：

"天时"是指国家税收政策为企业税务筹划提供的空间。

"地利"是指当地的税收政策和税收观念对税务筹划所能提供的环境支持。

"人和"是指税务筹划人员的业务素质和内外相关人员之间的关系。

在税务筹划中，天时是什么？天时是主宰税务筹划成功的外在力量。所谓"谋事在人，成事在天"就是这个道理。如果国家的税收政策没能够为企业的税务筹划提供任何空间，即使税务筹划人员对税收法律和法规再怎么熟悉和了解，也不可能制定税务筹划方案。

地利是什么？地利是当地的税收政策和税收观念。如果当地的税收观念并不认可税务筹划，那么你所做的任何税务筹划，无论合法与否，都有可能被认定为偷税或漏税，这样不但不能降低税收负担，还要遭受处罚。

人和是什么？人和是税务筹划人员的业务素质和各相关人员之间的关系。税务筹划不仅是税务筹划人员的事，也应是企业其他业务部门、工作人员的事；税务筹划人员需要与他们进行沟通和协调，获得支持和理解。此外，如果税务筹划人员业务素质不强和缺乏与税务机关的沟通，可能会使得所制定的税务筹划方案不合法，或即使合法的税务筹划方案也被税务机关认定为不合法。

《孟子·公孙丑下》中说道："天时不如地利，地利不如人和"，指的是虽然天时、地利、人和是取得战争胜利的条件，但是在这三者中，人和是最为重要的因素。在税务筹划中，天时和地利是税务筹划的外部因素，并不能够被企业所控制，因此，就必须加强税务筹划中人和的作用。当存在税务筹划的可能性，而企业没能更好地加以利用，就是自身的失误。

税务筹划受企业内外部各方面因素的影响，因此，必须注重"天时、地利、人和"对税务筹划的影响。此外，当外部存在税务筹划的可能时，企业应当充分发挥主动性，对自身经济业务进行适当的调整和安排，从而减低税收负担。

本章小结

企业进行税务筹划，减轻税负，这本身并没有错。但是作为社会的一分子，企业也必须承担起一定的社会责任，并遵守社会道德和社会规范，放眼于整个社会的长远利益。税务筹划是一项系统性工作，"天时、地利、人和"是其得以顺利进行的重要因素。

参 考 文 献

[1] 艾华. 税收筹划研究 [M]. 武汉：武汉大学出版社，2006.

[2] 王树锋. 纳税筹划 [M]. 上海：立信会计出版社，2007.

[3] 黄衍电. 税务筹划 [M]. 北京：经济科学出版社，2009.

[4] 王韬，刘芳. 企业税收筹划 [M]. 北京：科技出版社，2009.

[5] 安福仁. 企业纳税实务 [M]. 大连：东北财经大学出版社，2008.

[6] 毛夏鸾. 税务筹划教程 [M]. 北京：首都经济贸易大学出版社，2005.

[7] 王静. 税务筹划理论与实践 [M]. 北京：中国教育文化出版社，2006.

[8] 刘蓉，薛钢，黄凤羽. 税收筹划 [M]. 北京：中国税务出版社，2008.

[9] 盖地，付建设，苏喜兰. 税务筹划 [M]. 北京：高等教育出版社，2008.

[10] 韩雪，张会丽，黄胜华. 税务筹划 [M]. 上海：立信会计出版社，2009.

[11] 高金平. 新企业所得税法与新会计准则差异分析 [M]. 北京：中国财政经济出版社，2008.

[12] 赵迎春，王淑贞，罗秦. 中国涉税风险问题研究 [M]. 北京：中国财政经济出版社，2009.

[13] 徐泓. 企业纳税筹划 [M]. 北京：中国人民大学出版社，2009.

[14] 杨志清. 税收筹划案例分析 [M]. 北京：中国人民大学出版社，2010.

[15] 应小路，赵军红. 税务筹划 [M]. 上海：复旦大学出版社，2010.

[16] 李成. 税收筹划 [M]. 北京：清华大学出版社，2010.

[17] 庄粉容. 纳税筹划实战 [M]. 北京：机械工业出版社，2010.

[18] 黄菊波，杨小丹. 试论会计政策 [J]. 会计研究，1995（1）.

[19] 梁文涛. 营业税的纳税筹划探讨 [J]. 纳税筹划，2010（4）.

[20] 张家明. 浅议企业应税所得额的纳税筹划 [J]. 中小企业管理与科技，2010（10）.

[21] 韩雪. 税务筹划的风险与防范 [J]. 中国乡镇企业会计，2009（3）.

[22] 叶睿瑞，李四海. 企业增值税核算及其纳税筹划 [J]. 商业会计，2008（11）.

[23] 王文崇. 新增值税条例下纳税人身份的税收筹划 [J]. 合作经济与科技，2010（19）.

[24] 崔海霞. 浅谈消费税的税务筹划 [J]. 会计之友，2009（15）.

[25] 熊晴海. 税务筹划学 [M]. 上海：上海财经大学出版社，2010.

[26] 聂兆荣. 企业营销中的税务活动 [D]. 西南财经大学硕士学位论文，2003.

[27] 宋健. 关于自产自用和委托加工应税消费品的消费税管理问题 [J]. 安徽税务，1997（6）.

[28] 龚罗金，刘厚兵. 注意营业税暂行条例新变化 [J]. 中国税务报，2008（12）.

[29] 尹霞. 基于上海住宅市场的物业税开征分析 [D]. 上海交通大学硕士学位论文，2007.

[30] 苏丽华. 对我国开征物业税的分析及政策建议 [D]. 天津大学硕士学位论文，2006.

[31] 李丽. 跨国公司的国际避税行为与反避税措施研究 [D]. 郑州大学硕士学位论文，2005.

[32] 胡靓. 我国国际反避税对策研究 [D]. 国防科技大学硕士学位论文，2005.

[33] 谌晓芳. 国际避税与反避税问题研究 [D]. 吉林大学硕士学位论文，2008.

后　记

2011 年 9 月，中国社会科学院哲学社会科学创新工程正式启动，该工程将学术观点和理论创新、学科体系创新与管理创新、科研方法与手段创新作为创新的主要内容。创新工程的理念与我们的构思不谋而合，在团队成员的共同努力下，我们完成了《21 世纪工商管理文库》的编写工作，本文库始终把实践和理论的结合作为编写的基本原则，寄希望能为中国企业的管理实践提供借鉴！

一、我们的团队

我们的团队是由近 200 名工商管理专业的硕士、博士（大部分已毕业，少数在读）组成的学习型团队。其中已毕业的硕士、博士绝大多数是企业的中高层管理者，他们深谙中国企业的发展现状，同时又具备丰富的实践经验，而在读硕士、博士则具有扎实的理论基础，他们的通力合作充分体现了实践与理论的紧密结合，作为他们的导师，我感到无比的自豪。根据构思及团队成员的学术专长、实践经验、工作性质、时间等情况，我们挑选出 56 名成员直接参与这套文库的编写，另外还邀请了 62 名（其中 5 名也是编写成员）在相关领域具有丰富理论和实践经验的人员针对不同的专题提出修改意见，整套文库的编写人员和提供修改意见的人员共有"113 将"。我是这套文库的发起者、组织者、管理者和领导者，同时也参与整套文库的修改、定稿和部分章节的编写工作。

本套文库从构思到定稿历时 8 年，在这 8 年的时间里，我们的团队经常深入企业进行调研，探究企业发展面临的问题和困境，了解企业管理者的困惑和需要，进一步将理论应用于实践并指导实践。我们经历了很多艰辛、挫折，但不管多么困难，总有一种使命感和责任感在推动着我们，让我们勇往直前，直至这套文库问世。

本套文库在中国社会科学院工业经济研究所研究员、经济管理出版社社长张世贤教授的大力支持和帮助下被纳入中国社会科学院哲学社会科学创新工程项目，并得到该项目在本套文库出版上的资助，同时，张世贤教授还参与了本套文库部分书籍的审稿工作，并且提出了很多宝贵的意见。另外，经济管理出版社总编室何蒂副主任也参与和组织了本套文库的编辑、审稿工作，对部分书籍提供了一些有价值的修改意见，同时还对本套文库的规范、格式等进行了严格把关。

有 56 名团队成员参加了本套文库的编写工作，他们为本套文库的完成立下了汗马功劳。表 I 列出了这些人员的分工情况。

表 I　团队成员分工

书名	编写成员
1. 战略管理	龚裕达（中国台湾）、胡中文、温伟文、王蓓蓓、杨峰、黄岸
2. 生产运作管理	李佳妮、胡中文、李汶娥、李康
3. 市场营销管理	胡琼洁、李汶娥、谢伟、李熙
4. 人力资源管理	赵欣、马庆英、李汶娥、谭笑、陈志杰、卢泽旋
5. 公司理财	赵欣、易强、胡子娟、向科武
6. 财务会计	陈洁、周玉强、高丽丽
7. 管理会计	高丽丽、胡中文、符必勇
8. 企业领导学	张伟明、黄昱琪（中国台湾）
9. 公司治理	黄剑锋、符斌、刘秋红
10. 创业与企业家精神	张伟明、严红、林冷梅
11. 企业后勤管理	赵欣、钱侃、林冷梅、肖斌
12. 时间管理	苏明展（中国台湾）、胡蓉
13. 企业危机管理	胡琼洁、林冷梅、钱侃
14. 企业创新	符斌、刘秋红
15. 企业信息管理	肖淑兰、胡蓉、陈明刚、于远航、郭琦
16. 企业文化管理	符斌、谢舜龙
17. 项目管理	于敬梅、周鑫、陈赟、胡亚庭
18. 技术开发与管理	胡中文、李佳妮、李汶娥、李康

书名	编写成员
19. 设备管理	马庆英、于敬梅、周鑫、钱侃、庞博
20. 公共关系管理	谢舜龙、符斌、余中星、吴金土（中国台湾）、刘秋红
21. 组织行为学	马庆英、赵欣、李汶娥、刘博逸
22. 无形资产管理	张伟明、陈洁、白福歧
23. 税务筹划	肖淑兰、陈洁
24. 宏观经济学	赵欣、汤雅琴
25. 金融机构经营与管理	胡琼洁、汤雅琴、江金
26. 行政管理学	温伟文、张伟明、林冷梅
27. 商法	高丽、胡蓉
28. 管理科学思想与方法	陈鸽林、陈德全、郭晓、林献科、黄景鑫
29. 管理经济学	周玉强、汤雅琴
30. 企业管理发展的新趋势	龚裕达（中国台湾）、符斌
31. 企业管理的哲学与艺术	龚裕达（中国台湾）、黄昱琪（中国台湾）

有 62 名企业界的中高层管理人员、从事工商管理研究的学者以及政府公务员为我们的编写工作提供了建设性修改意见，他们的付出对提升本套文库的质量起到了重要的作用。表Ⅱ列出了这些人员对相应书籍的贡献。

表Ⅱ 提供修改意见的人员名单及贡献

姓名	书名	工作单位、职务或职称	
1. 张世贤	商法 宏观经济学	中国社会科学院工业经济研究所 经济管理出版社	研究员 社长
2. 何蒂	管理会计 时间管理	经济管理出版社总编室	副主任
3. 邱德厚（澳门）	管理经济学 企业危机管理	广东彩艳集团	董事长
4. 冯向前（加拿大）	税务筹划	国际税务咨询公司 中国注册执行税务师	总经理
5. 陈小钢	行政管理	广州市黄埔区	区委书记
6. 温伟文	宏观经济学	广东省江门市蓬江区政府 （原广东省江门市经信局局长）	区长
7. 曹晓峰	公共关系管理	广东交通实业投资有限公司	董事长
8. 梁春火	企业领导学	广东移动佛山分公司	总经理
9. 邓学军	市场营销管理	广东省邮政公司 （原广东省云浮市邮政局局长）	市场部经理
10. 冯礼勤（澳大利亚）	企业创新	迈克斯肯国际有限公司	董事长
11. 马兆平	人力资源管理	贵州高速公路开发总公司	副总经理

217

姓名	书名	工作单位、职务或职称	
12. 武玉琴	项目管理	广东恒健投资控股有限公司投资部 北京大学经济学院博士后	副部长
13. 方金水	金融机构经营与管理	交通银行深圳分行	副行长
14. 陈友标	时间管理	广东华业包装材料有限公司	董事长
15. 李思园（中国香港）	公司理财	香港佳宇国际投资有限公司	总经理
16. 李志新	企业领导学	广州纺织工贸企业集团有限公司	董事长
17. 郑锡林	人力资源管理	珠海市华业投资集团有限公司	董事长
18. 李活	项目管理	茂名市金阳热带海珍养殖有限公司	董事长
19. 朱伟平	战略管理 人力资源管理	广州地铁广告有限公司	总经理
20. 沈亨将（中国台湾）	战略管理	广州美亚股份有限公司	总经理
21. 罗文标	生产运作管理 人力资源管理	华南理工大学研究生院	研究员
22. 张家骐	企业危机管理	北京德克理克管理咨询有限公司	董事长
23. 廖洁明（中国香港）	企业危机管理	香港警务及犯罪学会	主席
24. 陈国力	项目管理	广州洪珠投资有限公司	总经理
25. 黄正朗（中国台湾）	财务会计 管理会计 无形资产 公司理财	台一国际控股有限公司	副总经理
26. 彭建军	创业与企业家精神	恒大地产集团	副总裁
27. 应中伟	时间管理	广东省教育出版社	社长
28. 黄昱琪（中国台湾）	税务筹划	广东美亚股份有限公司	副总经理、财务总监
29. 黄剑锋	市场营销管理	中国电信股份有限公司广州分公司市场部	副总经理
30. 周剑	技术开发与管理 公司治理	清华大学能源研究所副教授	博士后
31. 杨文江	公司治理	广州御银股份有限公司	董事长
32. 陈洪海	公司理财	深圳联通龙岗分公司	副总经理
33. 沈乐平	商法	华南理工大学工商管理学院教授	博士生导师
34. 谢舜龙	行政管理	汕头大学商学院	MBA 中心副主任
35. 刘璇华	企业创新	广东工业大学科研处副处长	教授
36. 吴晓宝	创业与企业家精神	广州增健通信工程有限公司	董事长
37. 周枝田（中国台湾）	企业后勤管理 生产运作管理	诚达集团	副总经理
38. 许陈生	宏观经济学 管理经济学	广州外语外贸大学经贸学院	教授
39. 何莽	设备管理 税务筹划	中山大学旅游管理学院	博士后
40. 苏明展（中国台湾）	设备管理	广州德进机械设备安装有限公司	总经理
41. 李建喜	市场营销管理	广州新福鑫智能科技有限公司	副总经理

姓名	书名	工作单位、职务或职称	
42. 李茂松	企业后勤管理	暨南大学华侨医院后勤产业集团	副总经理
43. 羊卫辉	宏观经济学 管理经济学	股票、期货私募操盘手、私人投资顾问	
44. 周文明	生产运作管理 技术开发与管理	广电运通金融电子股份有限公司	厂长
45. 王步林	商法	广州金鹏律师事务所	合伙人、律师
46. 刘军栋	企业信息管理	合生创展集团有限公司信息化办公室	经理
47. 张振江（中国台湾）	无形资产管理	南宝树脂东莞有限公司	总经理
48. 程仕军（美国）	公司理财 财务会计 管理会计 公司治理	美国马里兰大学商学院财务系	副教授
49. 黄奕锋	行政管理学	广东省国土资源厅	副厅长
50. 翁华银	战略管理 市场营销管理	广州行盛玻璃幕墙工程有限公司	董事长
51. 李希元	企业危机管理	广东省高速公路股份有限公司	总经理
52. 叶向阳	金融机构经营与管理	中国邮储银行广东省分行	财务总监
53. 杜道洪	公司理财	广州滔记实业发展集团有限公司	总经理
54. 李飏	组织行为学 人力资源管理	广州市社会科学研究院	研究员
55. 吴梓锋（澳大利亚）	市场营销管理 项目管理 战略管理	澳大利亚雄丰股份有限公司	董事长
56. 薛声家	管理科学思想与方法	暨南大学管理学院教授	博士生导师
57. 左小德	管理科学思想与方法	暨南大学管理学院教授	博士生导师
58. 周永务	管理科学思想与方法	华南理工大学工商管理学院教授	博士生导师
59. 贺臻	创业与企业家精神	深圳力合创业投资有限公司	总经理
60. 方向东	项目管理	新八建设集团有限公司南方公司	总经理
61. 梁岳明	公司理财	广东省教育服务公司	总经理
62. 邓俊浩	企业文化管理	广州精心广告有限公司	总经理

注：3~47 为团队成员，1~2 和 48~62 为外请成员。

二、致谢

在本套文库的编写过程中，我们参阅了大量古今中外的文献并借鉴了一些专家、学者的研究成果，尤其是自管理学诞生以来的研究成果。对此，本套文库尽最大可能在行文当中予以注明，并在书后参考文献中列出，但仍难免会有疏漏，在此向所有已参考过的文献作者（国内的和国外的，已列出的和未列出的）表示衷心的感谢！

另外，还要特别感谢参加本套文库的编写人员和提出修改意见的人员，是你们这"113 将"的勤奋和智慧才使该文库的构思得以实现。随着这套文库的问世，中国企业会永远记住你们，感激你们！

经济管理出版社是我国经济管理类的中央级出版社，它以严谨的学术、广泛的应用性以及规范的出版而著称。在此，我们非常感谢经济管理出版社的领导和所有工作人员对本套文库的出版所做的工作和提供的支持！

我还要感谢暨南大学这所百年华侨学府，"始有暨南，便有商科"。巧合的是，管理学和暨南大学几乎同时诞生，在此，就让《21 世纪工商管理文库》作为管理学和暨南大学的百年生日礼物吧！

我们真诚地希望并欢迎工商管理界的学者和企业家们对本套文库提出宝贵意见，以使该套文库能更好地为中国企业服务，从而全面提升中国企业的管理水平！

夏洪胜

2013 年 12 月